Gebrauchsanweisung
für Burma · Myanmar

Martin Schacht

Gebrauchsanweisung für Burma · Myanmar

PIPER

München Berlin Zürich

Mehr über unsere Autoren und Bücher:
www.piper.de

ISBN 978-3-492-27628-3
4. Auflage 2016
© Piper Verlag GmbH, München/Berlin 2013
Karte: cartomedia, Karlsruhe
Satz: le-tex Publishing Services GmbH, Leipzig
FSC-Papier: Munken Premium von Arctic Paper
Munkedals AB, Schweden
Druck und Bindung: CPI books GmbH, Leck
Printed in Germany

Inhalt

Ein Land im Umbruch

Burma ist derzeit vielleicht das spannendste Land überhaupt, nicht nur, weil man hierzulande kaum etwas darüber weiß, sondern weil es so ziemlich alles vereint, was man irgendwie exotisch findet. Das fängt damit an, dass das Land seine eigene Zeitzone besitzt, die sich jeweils eine halbe Stunde von den Nachbarn Thailand und Indien unterscheidet. Außerdem hat die Woche hier acht Tage. Zumindest astrologisch zählt der Mittwoch nämlich als doppelter Tag mit Vormittag und Nachmittag, was sich ganz direkt auf den Namen des an diesem Tag Geborenen auswirkt. Der Name wird nicht etwa von den Eltern bestimmt, sondern vom Geburtstag. Aus Sicht der astrologiegläubigen Burmesen ist das ganz praktisch, kann man doch schon vom Namen des Gegenübers auf seinen Charakter schließen.

Schon der oft zitierte Rudyard Kipling, der das historische Bild vom romantischen Tropenparadies wie kein anderer prägte, befand 1898: »Das hier ist Burma, ein Land, das anders ist als alle anderen, die du kennst.«

Recht hat er, denn in Burma folgt alles seiner eigenen Logik und seiner eigenen Zeit. Das Land verbindet die Vorstellung von einem geheimnisvollen, aus der Zeit gefallenen Asien voller goldener Tempel, buddhistischer Mönche und freundlicher Menschen mit der britischen Kolonialgeschichte, einem bizarren sozialistischen Experiment, ethnischen Armeen, die sich mit Drogenhandel finanzieren, und einer ausgesprochen unerfreulichen Militärdiktatur.

Klischees, könnte man denken, aber es ist auch verwirrende Realität. Man weiß ja nicht einmal, wie dieses Land eigentlich heißt. Burma, Birma oder Myanmar? Mit einer Hauptstadt namens Yangon oder Rangun? Selbst diese Frage ist nicht mehr korrekt, denn Hauptstadt ist seit ein paar Jahren nicht mehr die Fünf-Millionen-Metropole Rangun/Yangon, sondern eine aus dem Dschungel gestampfte Administrationsstadt namens Naypidaw. Und leben in dem Land Birmanen, Burmesen, Myanmarer oder womöglich Myanmesen?

Alles nicht so leicht zu beantworten, und schon sind wir mittendrin in der komplizierten Geschichte eines Vielvölkerstaates, der zurzeit den offiziellen Namen »Republik der Union Myanmar« trägt. Tatsächlich ist Burma der Name, den die Engländer ihrer einstigen Kolonie gaben, auf Deutsch verwendet man häufig den Namen Birma. Burma und Birma leiten sich aufgrund unterschiedlicher Aussprachen von den *Bamar,* also den Burmesen oder Birmanen, her, die mit siebzig Prozent die größte ethnische Volksgruppe stellen. Da es jedoch 152 weitere Volksgruppen wie die Shan, Mon, Chin, Kachin, Naga, Wa und Palaung gibt, ist der Begriff Myanmar, der bis ins elfte Jahrhundert zurückgehen soll, vermutlich sogar angebrachter. Er wurde seit den 1920er Jahren immer wieder ins Spiel gebracht und entspringt den Bestrebungen, einen einheitlichen Begriff für alle Volksgruppen zu finden und sich gleichzeitig von der Kolonialzeit und deren Namen zu distanzieren. Allerdings sprechen Oppositionspolitiker immer noch von Burma. Sie kritisieren, dass über die neuen Namen Myanmar und Yangon nie demokratisch abgestimmt wurde. Verstanden wird im Zweifel jedoch alles …

Das wenige, was man hierzulande über Burma / Myanmar weiß, ist von unserer europäischen Lebenswirklichkeit so weit entfernt, dass es etwas Märchenhaftes hat. Das Tollste ist allerdings, politisch und märchendramaturgisch gesehen, dass am vorläufigen Happy End dieser Geschichte eine Lichtgestalt steht, die es ganz allein mit den Finsterlingen in Uniform aufgenommen und das Land quasi im Alleingang in die Staatengemeinschaft zurückgeführt hat: Aung San Suu Kyi.

Natürlich ist es nicht ganz so einfach, aber »The Lady«, wie sie von Freund und Feind respektvoll genannt wird, ist die einzige Person der burmesischen Politik, die außerhalb von Fachkreisen ein Begriff ist, eine aristokratisch anmutende Dame mit Frangipani-Blüte im streng zurückgesteckten Haar, Trägerin des Friedensnobelpreises und ein politischer Popstar wie Che Guevara, Nelson Mandela oder Evita Perón. Ihr, die insgesamt fünfzehn Jahren unter Hausarrest stand, ist es zu verdanken, dass es plötzlich wieder politisch korrekt ist, nach Burma zu reisen. Sei es als westlicher Politiker oder als Tourist.

Dabei hatte sich Suu Kyi jahrelang für Sanktionen und gegen jede Art von Tourismus ausgesprochen, eine Haltung, die andere Oppositionspolitiker kritisierten. Ein Regime, das sich freiwillig fast dreißig Jahre isoliert habe, könne man nur durch Kontakt zur Außenwelt ändern:

politische Reformen würden dann ganz automatisch kommen. Schon vor dem Wahlsieg ihrer Partei sprach sich auch Suu Kyi für den Tourismus aus, und bei den Besucherzahlen ist jede Menge Platz nach oben. Nur knapp 14 000 Deutsche bereisten das Land im Jahr 2011, das benachbarte Thailand dagegen eine halbe Million. Für 2016 werden zum ersten Mal mehr als fünf Millionen Besucher erwartet.

Wie dem auch sei – endlich muss man sich nicht mehr fragen, wem der Tourismus nützt oder schadet, ob er gut ist für die Bevölkerung oder für die Geschäfte der Junta, denn Burma galt während des letzten halben Jahrhunderts als Mitglied der Achse des Bösen, ein Land, dessen einzige Verbündete Nordkorea, mit dem es angeblich noch vor wenigen Jahren an Bombenplänen bastelte, und der große Bruder China waren. Plötzlich scheint alles ganz anders. So als hätten alle darauf gewartet, dieses Land wie einen lang vermissten Freund zu umarmen. Nur zu gern und möglichst schnell möchte man Folter, Tote und Bürgerkrieg vergessen, selbst die Militärs sind nicht mehr so schlimm, seit sie die Uniform abgelegt haben und im Parlament sitzen. Ein notorischer Schurkenstaat ist plötzlich Everybody's Darling.

Die Begeisterung der westlichen Staaten ist politisch und wirtschaftlich nur zu gut zu verstehen, denn auch wenn Burma offiziell als eines der ärmsten Länder der Welt gilt, ist es reich an Rohstoffen und liegt geografisch an einer Schlüsselposition zwischen China und dem Indischen Ozean. Kein Wunder, dass die Amerikaner und die Europäer jetzt rasch versuchen, schon an China verloren geglaubtes Terrain gutzumachen. Eine Überraschung war vor diesem Hintergrund die Entscheidung der Regierung, ein chinesisches Dammbau-Projekt zu stoppen.

Mit dem geplanten riesigen Myitsone-Damm im Norden Burmas am Beginn des Ayeyarwady-Flusses sollte die chinesische Provinz Yunnan mit Strom versorgt werden – von einem Land, das unter täglichen Stromausfällen leidet. Außer zu Zwangsumsiedlungen vor Ort hätte der Damm zu veränderten Wasserständen des Ayeyarwady, der Lebensader Burmas, geführt. Auch Proteste gegen eine chinesische Kupfermine werden eher unterstützt als behindert. Der Dammbau-Stopp und die politischen Reformen sind Signale, die der Westen versteht: Das neue Burma will den Trend stoppen, eine Art chinesische Provinz zu werden, und wird vom Westen deshalb mit Geld geradezu geflutet. Es herrscht eine gewisse Goldgräberstimmung im Land, vergleichbar mit der nach dem Zusammenbruch des Ostblocks. Nicht umsonst redete man früher als Analogie zum Eisernen Vorhang gern vom »Bambus-Vorhang«. Und wie seinerzeit in Osteuropa wollen jetzt viele Leute in Burma Geld machen.

Alles verändert sich mit rasender Geschwindigkeit. In Rangun wird renoviert, gebaut und abgerissen, was das Zeug hält, und die Hotelzimmerpreise haben sich in kurzer Zeit vervielfacht. Nach einem Engpass gibt es inzwischen jedoch wieder genügend Zimmer, und die Preise sind moderater. Wer jedoch in seiner Zeitplanung eingeschränkt ist oder in ganz bestimmten Hotels absteigen möchte, tut gut daran, rechtzeitig im Voraus zu buchen. Für alle anderen gilt: Irgendein Hotel oder Guesthouse findet sich immer, nur hat es halt vielleicht nicht den Standard oder die Lage, die man sich wünscht.

Was bei alledem herauskommt, lässt sich noch nicht absehen, aber sicher ist: Niemand braucht ein zweites Singapur oder Thailand. Mit seinen einzigartigen, noch unzerstörten Stadtquartieren und Kolonialbauten hat

Rangun die Chance, wieder eine der schönsten Städte Asiens zu werden. Was die Vielfalt seiner Landschaften und Klimazonen betrifft, hat Burma sogar mehr zu bieten als die meisten seiner Nachbarländer. Und nicht zu vergessen seine Bewohner: Bei jedem herzlichen Lächeln spürt man, wie sehr sie sich freuen, dass die dunkle Zeit für ihr Land vorbei ist. Manchmal wirkt es, als könnten sie es selbst noch nicht glauben.

Deshalb: Fahren Sie jetzt hin, warten Sie nicht zu lange! In ein paar Jahren wird es das alles so nicht mehr geben. Ganz sicher wird Burma dann immer noch schön sein, aber anders. Noch ist Burma eines der letzten touristischen Abenteuer, das Sie genießen können. An ein paar Abstriche werden Sie sich in wenigen Tagen gewöhnt haben: an Stromausfälle, an Taxis ohne Aircondition oder an Schlaglöcher. Es wartet ein Land auf Sie, wie es kein zweites gibt. Lassen Sie sich auf Burma ein, dann ist alles ganz einfach.

Vom Wesen der Burmesen

Dieser Reim ist etwa genauso dämlich wie der Versuch, ein Volk – oder in diesem Fall die Bevölkerung eines Vielvölkerstaates – über einen Kamm zu scheren. Aber ich kann es ja mal versuchen.

Die Burmesen werden, je nachdem, wer über sie spricht, als offen, herzlich und sorglos oder als eingebildet, angeberisch und misstrauisch beschrieben. Größer könnten die Gegensätze gar nicht sein. Ich habe viele Ausländer, die bereits lange in Burma leben, gefragt, wie sie die Einheimischen sehen. Am besten gefallen hat mir die Antwort von Lisa Fedeli, der Besitzerin des Restaurants L'Opera in Rangun. Die Italienerin, die seit fast zwanzig Jahren im Land lebt, meint, der Unterschied zu anderen Asiaten sei, dass die Burmesen westlichen Humor verstünden. Da ist zweifellos etwas dran. Thais zum Beispiel haben keinerlei Gefühl für Ironie, mit Burmesen kann man nach kurzer Anlaufzeit wunderbar lachen. Es kommt wohl nicht von ungefähr, dass diverse inhaftierte Oppositionelle bekannte Komiker waren. Gern erzählt wird in diesem Zusammenhang die Geschichte des Comedians Zaganar, der für Witze wie den folgenden zu 35 Jahren Gefängnis verurteilt worden war – die Generäle fanden seinen Humor nicht witzig:

Treffen sich drei Geschäftsleute, einer aus Amerika, einer aus England und einer aus Burma, um zu sehen, wer am besten prahlen kann. Der Amerikaner fängt an: »Ich kenne einen Landsmann, der den Atlantischen Ozean durchschwommen hat, ganz ohne Beine.« Daraufhin der englische Geschäftsmann: »Das ist nicht gut genug. Ich kenne einen Engländer, der den Kanal durchschwommen hat, ohne Arme und ohne Beine.« Sagt der Geschäftsmann aus Burma: »Das ist immer noch nicht gut genug. Unsere Regierung regiert seit achtzehn Jahren ganz ohne Kopf.«

Vermutlich hängt es auch damit zusammen, in welcher Form und welcher Beziehung man jemandem begegnet und in welcher Position. Als Tourist, der Geld bringt und in keiner Form eine Konkurrenz oder Bedrohung für die neugierigen Burmesen darstellt, wird man generell freundlich behandelt und trifft auf große Hilfsbereitschaft, selbst wenn das burmesische Gegenüber keinen direkten Vorteil davon hat. Die Menschen lieben es, sich und ihr Land vorteilhaft darzustellen, was sicher an der weit verbreiteten Haltung liegt, grundsätzlich auf alles Burmesische stolz zu sein. Kritik, zum Beispiel an der Regierung, dem Militär oder schlechten Straßen, sollte erst vom burmesischen Gesprächspartner kommen. Dann kann man durchaus darauf einsteigen, schließlich sind die Einheimischen nicht blind. Beginnt jedoch der Fremde damit, ihr Land schlechtzumachen, sind sie schnell gekränkt. Am besten verpackt man Kritik in einem Lob, etwa nach folgendem Muster: Burma hat die schönsten Pagoden der

Welt, aber an den Straßen könnte man vielleicht noch arbeiten.

Ausländische Geschäftsleute beschweren sich häufig über Willkür und Langsamkeit der Behörden, die zudem Burmesen bevorzugt behandeln würden. Einer der Gründe dafür ist vielleicht, dass das Land sechzig Jahre nichts anderes getan hat, als sich die Ausländer möglichst vom Leib zu halten. Es wurde ja alles, was von außen kam, als Bedrohung für das herrschende System gesehen. Selbst auf internationale Sanktionen hat die Politik immer nur damit reagiert, das Land noch mehr von der Außenwelt abzuschotten. Die Linie hieß immer: Wir lassen uns vom Ausland nichts vorschreiben. Vermutlich ist die neue Öffnung des Landes und die Suche nach ausländischen Investoren in manche Kreise von Politik und Verwaltung einfach noch nicht durchgesickert.

Eine gewisse Unsicherheit spielt auch im persönlichen Umgang mit Ausländern eine Rolle. Schließlich war jeder Kontakt zu ihnen viele Jahre unerwünscht und zog sofort die Aufmerksamkeit der Geheimpolizei auf sich. Insofern tut man lieber gar nichts als etwas Verkehrtes. Ein Beispiel dafür mag die Erteilung von Visa für Journalisten sein. Man stellt sich naiverweise vor, dass es im neuen Myanmar jetzt ganz einfach sei, ein Pressevisum zu bekommen, aber: mitnichten!

Tatsächlich konnte auf die Anfrage bei den Botschaften in Berlin und Bangkok, was ich dafür tun müsste, um ein Kamerateam ins Land zu bekommen, niemand sagen, wer dafür zuständig sei, weil es so etwas nie gegeben hatte. Schließlich bekamen wir von der Botschaft in Thailand eine Faxnummer, an die wir unser Gesuch schicken sollten, und später eine Telefonnummer. Man versicherte uns immer wieder, unser Anliegen werde bearbeitet – so lange, bis die Regenzeit anbrach und man nicht mehr drehen konnte. Nach deren Ende versuchten wir es wieder; diesmal über die Botschaft in Deutschland. Hier lief es nach dem gleichen Muster ab.

Schließlich versuchte ich das Ganze psychologisch zu ergründen. In vielen Ländern Asiens ist es üblich, lieber gar nichts zu tun, wenn die Gefahr besteht, man könnte etwas falsch machen. Es gab einen neuen Informationsminister, und wie sollten die Beamten auch wissen, ob er ein Visum gutheißen würde, wenn es dazu keine klaren Anweisungen gab?

Auf der anderen Seite, überlegte ich mir, würde uns auch niemand verhaften und des Landes verweisen, wenn wir uns nicht gar zu auffällig verhielten. Schließlich könnte das bei der neuen Stellung Burmas in der Welt genauso falsch sein.

Und so kam es, dass wir als Touristen einreisten. Zweifellos hätte man uns als professionelles Fernsehteam enttarnen können, wenn man es gewollt hätte. Stattdessen wurde überall demonstrativ weggesehen. So konnte niemand einen Fehler machen.

Schließlich droht, wenn man etwas falsch macht, die Höchststrafe eines jeden Asiaten: Gesichtsverlust. »Gesicht« umfasst dabei alles, was mit dem Selbstbild einer Person oder einer Gruppe zu tun hat und wie andere Menschen sie sehen könnten. Man könnte es mit dem Gefühl der Blamage vergleichen, nur dass ein Gesichtsverlust viel existenzieller ist. Deshalb sollte man auf gar keinen Fall herumschreien, wenn man ein Problem mit Burmesen hat. Wer wütend wird, verliert dabei sein Gesicht ebenso wie der Beschimpfte. Kritik sollte man vor allem höflich anbringen, niemand möchte gern bloßgestellt werden.

Das gilt auch für die Beziehungen der Burmesen untereinander. Die Gesellschaft ist ausgesprochen hierarchisch organisiert. Wenn also ein Vorgesetzter einen Fehler macht, korrigiert man diesen nicht etwa eigenmächtig, sondern macht den Vorgesetzten unter vier Augen darauf aufmerksam, dass sich ein Fehler eingeschlichen hat, den er sicher selbst schon bemerkt hätte. Irgendjemand habe aber offenbar vergessen, diese Information weiterzugeben.

Wie die meisten Asiaten hassen auch die Burmesen direkte Auseinandersetzungen. Emotionen zu zeigen ist kulturell unhöflich und wirkt sich gerade bei geschäftlichen Verhandlungen äußerst ungünstig aus. Grundlage dieses Verhaltens ist das buddhistische Gebot: »Nichts Böses denken. Nichts Böses sagen. Nichts Böses tun.« Diese Vermeidungsstrategie haben die Burmesen verinnerlicht, und wer nichts Böses denkt, sagt oder tut – der lächelt eben.

Wann immer es geht, entschärfen Sie die Situation mit einem höflichen Lächeln. Respektvoller Umgang ist nur möglich, wenn man den Emotionen nicht freien Lauf lässt. Harmonie ist eines der obersten Verhaltensprinzipien. Dafür, was wirklich hinter einen Lächeln steckt, bekommen Sie ganz schnell ein Gefühl.

Eine gute Strategie ist die der gezielten Selbsterniedrigung, die ich besonders gern anwende, wenn ich etwas von Asiaten haben will: Wer sich selbst als ahnungsloser, harmloser Ausländer präsentiert, der nicht weiß, wie man dies oder jenes bekommt, und der ohne die Hilfe des Einheimischen total aufgeschmissen ist, dem wird zumeist ein Maximum an Hilfsbereitschaft entgegengebracht. Wenn das nicht funktioniert, sollte man allerdings schnell auf Boss umschalten können. Einschüchterung funktioniert auch manchmal. Allerdings sollte man sich vorher vergewissern, in welcher gesellschaftlichen Position man zu jemandem steht und ob man nicht vielleicht auf sein späteres Wohlwollen angewiesen ist.

Ein Land mit 153 Völkern

Burma ist ein Flickenteppich unterschiedlicher Ethnien, Religionen und Klimazonen. Das nach Indonesien zweitgrößte Land Südostasiens ist von der Fläche her etwa doppelt so groß wie Deutschland. Es erstreckt sich von den schneebedeckten Gipfeln des Himalajas über eine trockene Halbwüste im Zentrum des Landes und das etwa tausend Meter hohe Shan-Plateau bis hin zur fruchtbaren tropischen Deltaregion und dem Myeik-Archipel mit seinen über achthundert Inseln. Ein schmaler Streifen an der Andamanensee ragt tief in die Halbinsel von Malakka hinein, vom benachbarten Thailand getrennt durch den Tenasserim-Gebirgszug. Im Nordwesten grenzt Burma ebenfalls mit Bergzügen an Bangladesch und Indien, im Norden an die Volksrepublik China, im Osten an Laos und eben Thailand.

Zwischen dem Hochland der Shan im Osten und den Gebirgszügen im Westen liegt die fruchtbare Ebene des Ayeyarwady-Beckens. Der Ayeyarwady, mit einer Länge von rund zweitausend Kilometern der längste Fluss Burmas, ist die Lebensader des Landes und bildet an seiner Mündung in den Indischen Ozean ein riesiges Delta, das zu Zeiten der Briten als »Reisschüssel Südostasiens« galt. Burma war damals das reichste Land der Region.

Das tropische Klima in Burma wird durch den Monsun bestimmt. Zwischen November und Februar bringt der Nordwestmonsun kalte, trockene Luft aus Innerasien heran – natürlich ist »kalt« relativ und in diesem Fall für europäische Reisende sehr angenehm –, in der Regenzeit zwischen Mai / Juni und Oktober führt der Südwestmonsun zu großen Niederschlagsmengen und sehr hoher Luftfeuchtigkeit. Dazwischen liegt als dritte Jahreszeit die heiße Trockenzeit von März bis Mai / Juni. Jedoch können Niederschlagsmenge und Temperatur regional sehr unterschiedlich sein. Während es in der Regenzeit im Süden häufig tagelang schüttet, kann es zur gleichen Zeit in der sonst trockenen und oftmals unerträglich heißen Zentralebene sehr angenehm sein. So ist die kalte Jahreszeit zwar die Hauptreisesaison, doch je nachdem, wohin man fährt, bieten sich auch andere Reisezeiten an.

Über fünfzig Prozent der Landfläche Burmas nehmen Wälder ein. Immergrüne Regenwälder bedecken große Teile der Gebirge im Westen des Landes; neben Teak wächst hier vor allem Bambus. Auf dem Shan-Plateau im Osten und im Norden sind überwiegend Pinien und Eichen zu finden. Im Ayeyarwady-Becken im Zentrum des Landes herrschen Trockenwald und Dornstrauchsavanne vor.

Die dichten Wälder bieten Lebensraum für zahlreiche Tiere. An größeren Säugetieren finden sich unter anderem Panther, Bären und wilde Wasserbüffel. Auch der Kleine Panda, Schleichkatzen und der Schabrackentapir leben im Dschungel, in den Mangrovengebieten an der

Küste zahlreiche Krokodile. Die Zeiten, in denen Tiger um die Schwedagon-Pagode strichen, wovon noch im neunzehnten Jahrhundert berichtet wurde, sind jedoch lange vorbei. Marco Polo glaubte seinerzeit sogar, das legendäre Einhorn gefunden zu haben, als er in Burma ein Java-Nashorn sah. Inzwischen gilt diese Art als ausgestorben.

Dafür entwickelt sich der äußerst seltene Ayeyarwady-Delfin zur Touristenattraktion. Die intelligenten Tiere kommunizieren angeblich mit Fischern und treiben ihnen für einen Anteil an der Beute Fische in die Netze. Inzwischen werden sie wohl eher angelockt, weil sie wissen, dass es etwas zu fressen gibt. Nördlich von Mandalay werden gelegentlich Delfintouren angeboten – allerdings ohne Sichtungsgarantie. Kein Wunder, schließlich wurden bei der letzten Zählung auf dem über fünfhundert Kilometer langen Flussabschnitt zwischen Mandalay und Bhamo gerade mal 72 Tiere erfasst. Im Chindwin River sollen sie etwas häufiger sein.

Rund 54 Millionen Menschen leben derzeit in Burma, ein Großteil davon im zentralen Tiefland, nur etwa ein Viertel in den Städten. Die einzige Millionenmetropole ist die Hauptstadt Yangon / Rangun mit etwa fünf Millionen Einwohnern, Mandalay hat etwa eine Million, Mawlamyine um die 250 000.

Größte Volksgruppe mit einem Anteil von knapp siebzig Prozent sind die Burmesen oder Bamar. Neben ihnen leben sieben Minderheitenvölker in Myanmar, die sich aus 136 Volksgruppen zusammensetzen: Shan zehn Prozent, Karen (Kayah) neun Prozent, Arakan fünf Prozent, Mon zweieinhalb Prozent, Chin zwei Prozent, Kachin eineinhalb Prozent, Karenni 0,8 Prozent.

Eine Besonderheit ist, dass sich Myanmar entsprechend seiner Völker in »States« und »Divisions« gliedert. Die sieben Landesteile, die überwiegend von Bamar besiedelt sind, heißen »Divisions«, und die sieben Regionen, die hauptsächlich von ethnischen Minderheiten bewohnt werden, nennt man »States«. Die Minderheitenvölker bewohnen hauptsächlich die gebirgigen Randgebiete des Landes – ihr Siedlungsgebiet umfasst etwa 65 Prozent der Gesamtfläche Burmas –, sodass die »Staaten« zum überwiegenden Teil die Außengrenzen Burmas bilden. Im Uhrzeigersinn sind das:

- Rakhine (früher Arakan), Hauptstadt: Akjab
- Chin, Hauptstadt: Hakha
- Kachin, Hauptstadt: Myitkyina
- Shan, Hauptstadt: Taunggyi
- Kayah, Hauptstadt: Loi-kaw
- Kayin oder Karen, Hauptstadt: Hpa-An
- Mon, Hauptstadt: Mawlamyine

Dieses seltsame Konstrukt und nicht zuletzt auch die Autonomiebestrebungen der Minderheiten gründen auf dem willkürlichen Gebilde der Kolonie Britisch-Indien, das die Engländer erfunden hatten und das auch Burma mit einschloss, das ursprünglich aus unabhängigen Staaten bestand. Das Abkommen von Panglong von 1947 räumte den Minderheiten die Möglichkeit ein, die Union von Burma zu verlassen – theoretisch, denn in der Praxis ließ man sie nicht gehen. Die mögliche Sezession des Shan-Staates war sogar einer der vorgeschobenen Gründe für die Machtübernahme des Militärs, die wiederum zu jahrzehntelangen Guerilla-Kriegen führte.

Mit dem Argument, nur eine starke Zentralregierung könne das Land befrieden, unterdrückte die Militärregierung in Rangun die Minderheiten viele Jahre mit äußerster Härte und Brutalität, was ein Grund für die Flüchtlingslager an der thailändischen Grenze ist. Jetzt, da mit den meisten Rebellenarmeen Waffenstillstandsabkommen geschlossen wurden, sollen die Lager, in denen immer noch etwa 150 000 Menschen leben, die meisten Karen und Mon, aufgelöst werden und ihre Bewohner nach Burma zurückkehren. Derweil verschlechtert sich die Situation in den Lagern, da internationale Hilfsorganisationen die Unterstützung der Lagerbewohner zugunsten von Projekten in Burma einstellen, was unter anderem zur Folge hat, dass viele junge Flüchtlinge ihre Schul- oder Berufsausbildung in Thailand nicht abschließen können.

Momentan wird befürchtet, dass die jüngste Eskalation eines alten Konflikts zwischen der Mehrheit der buddhistischen Rakhine und der Minderheit der muslimischen Rohingya im Rakhine-Staat den Hardlinern im Militär Argumente liefern könnte, eine weitere Demokratisierung des Landes zu verhindern.

Die Rohingya selbst behaupten, sie lebten schon immer im Land, für die buddhistische Mehrheitsbevölkerung dagegen sind sie illegale Einwanderer aus Bangladesch. Nachdem Ende Mai 2012 drei Muslime eine Buddhistin vergewaltigt und getötet hatten, nahm ein buddhistischer Mob Rache und lynchte zehn Muslime. Daraufhin brach eine beispiellose Welle der Gewalt auf beiden Seiten los. Den »bengalischen Muslimen« wird fast unisono die Schuld an den blutigen Auseinandersetzungen zugeschoben. Burmas Regierung würde sie am liebsten des Landes verweisen, wenn sich ein Land fände, das sie aufnehmen würde, aber auch Bangladesch will die Rohingya nicht. Sogar die allseits verehrte Aung

San Suu Kyi vermeidet es geflissentlich, den Konflikt zu kommentieren, der den liberalen Kräften gerade ausgesprochen ungelegen kommt. Zu sensibel ist die politische Situation, und religiös motivierte Gewalt passt nicht ins Bild des neuen Burmas.

Auch dass die Taliban und indonesische Islamisten schon mit Dschihad drohten, kann Burma nicht gebrauchen. Schließlich ist die Küste des Rakhine-Staats wegen ihrer Strände bei den Touristen äußerst beliebt. Wie im benachbarten Thailand, das an der südlichen Grenze zu Malaysia ebenfalls unter Problemen mit der muslimischen Minderheit leidet, kann nicht sein, was nicht sein darf. Im Moment sieht es so aus, als ob Burma auf eine ähnliche Strategie setzt wie die Thais. Eine starke Militärpräsenz in den betroffenen Gebieten soll weitere Unruhen verhindern, und solange keine Touristen zu Schaden kommen, wird das Problem totgeschwiegen. Nachdem der Rakhine-Staat längere Zeit für Touristen gesperrt war, sind Sittwe und die sehenswerte Tempelstadt Mrauk U im Moment problemlos und ohne Sondergenehmigung zu bereisen. Auch im Kachin-Staat sind Kämpfe mit Rebellenarmeen wieder aufgeflammt. Waffenstillstandsabkommen mit den noch aktiven Rebellengruppen sind für 2016 das wichtigste Vorhaben der neuen Regierung.

Geschichte

Die Burmesen sind sehr stolz auf ihre ruhmreiche und von Eroberungen geprägte Geschichte, deren Beginn im mythologischen Dunkel liegt. Mit großem Ernst erzählen sie gern von ihren untergegangenen Reichen und den siegreichen Feldzügen gegen die Thais, denen sie heute vorwiegend als billige Arbeitskräfte dienen, und von der Schmach der drei anglo-burmesischen Kriege, an deren Ende von dem einst stolzen Königreich nur ein Teil der Kolonie Britisch-Indien übrig blieb.

Als sicher gilt, dass das Ayeyarwady-Tal bereits vor etwa fünftausend Jahren von den Mon besiedelt wurde, die aus Thailand und Kambodscha kamen und hier Ackerbau betrieben. Auch weiterhin ist die Geschichte durch Einwanderer bestimmt. Die Burmesen zogen von Tibet und China den Irrawaddy hinunter und mischten sich mit den Pyu und den Mon. Später kamen die Shan und die Kachin hinzu.

Der erste vereinigte Staat wurde im elften Jahrhundert von König Anawrahta in Bagan im oberen Burma gegründet. Er machte auch die bis dahin vorwiegend animistische Bevölkerung mit dem Buddhismus vertraut. Während der folgenden relativ friedlichen 250 Jahre ließen die Herrscher jene Pagoden erbauen, für die Bagan heute berühmt ist.

Wie die Chinesen hielten die Burmesen ihr Heimatland für den Mittelpunkt der Welt, und ihre Könige galten als noch arroganter als die chinesischen Kaiser. Das führte zwangsläufig zu Konflikten. Nachdem König Narathihapte in Jahr 1287 eine Delegation des chinesisch-mongolischen Regenten Kublai Khan hatte hinrichten lassen, überzogen die Chinesen das Land mit mehreren Strafexpeditionen. Nach der Eroberung Bagans zerfiel das Reich in diverse Kleinstaaten.

Das zweite Reich wurde im sechzehnten Jahrhundert von König Bayinnaung gegründet. Prägend für diese Zeit wurden Kriege mit wechselseitigen Eroberungen gegen die Thais, gleichzeitig kamen portugiesische Händler in das Land – bereits 1519 landeten die ersten Portugiesen im Golf von Martaban und gründeten diverse Handelshäuser –, gefolgt von Briten, Holländern und Franzosen. Von da an beeinflussten westliche Mächte Politik und Handel des Landes wesentlich.

Nach schnellen kriegerischen Erfolgen gegen die Mon errichteten die Portugiesen ein Verwaltungszentrum, von dem aus sie das Land auszubeuten planten. Der Abenteurer Philip de Brito erwies sich als besonders rücksichtslos. Er ließ zahlreiche buddhistische Heiligtümer zerstören und ernannte sich schließlich 1599 selbst zum König. Seine Herrschaft dauerte jedoch nur dreizehn Jahre. Nach seiner Niederlage gegen die Mon wurde er gepfählt und während seines dreitägigen Todeskampfes öffentlich ausgestellt.

Nur acht Jahre nach der Zerstörung des zweiten burmesischen Reichs, ebenfalls durch die Mon, im Jahr 1752 übernahm die Konbaung-Dynastie die Macht in Burma. Sie machte 1758 Rangun zu ihrer neuen Hauptstadt. Die Völker der Mon im Süden und der Shan im Norden wurden erneut unterworfen. Ende des achtzehnten Jahrhunderts hatte das burmesische Reich seine größte Ausdehnung erreicht. Im Westen reichte es bis nach Indien, im Norden bis nach China, und im Osten gehörten Gebiete des heutigen Thailand und Laos dazu.

Die Briten annektierten Burma in drei Stufen mit den anglo-burmesischen Kriegen von 1824, 1852 und 1886. Die königliche Familie wurde nach dem letzten Krieg ins Exil nach Indien geschickt. Unter der Kolonialherrschaft der Briten wurde einerseits jegliche oppositionelle Bewegung massiv unterdrückt, andererseits Burma durch Modernisierung und Intensivierung des Reisanbaus bis zum Ersten Weltkrieg größter Reisexporteur weltweit.

Eine nationale Unabhängigkeitsbewegung, die überwiegend burmesisch geprägt war, entstand erst in den 1930er Jahren. Nach zahlreichen Aufständen billigte Großbritannien der Provinz Burma eine eingeschränkte Selbstverwaltung zu. 1935 schied Burma aus der Kronkolonie Britisch-Indien aus und wurde eine eigene Kolonie mit eigener Regierung und Parlament.

In Asien begannen die Kampfhandlungen des Zweiten Weltkriegs am 7. Juli 1937, als die Japaner chinesische Truppen an der Marco-Polo-Brücke bei Beijing angriffen. Dies war der erste Schritt eines Eroberungsplans, mit dem die Japaner eine sogenannte erweiterte ostasiatische Wirtschaftssphäre einrichten wollten. Was sie in Wahrheit darunter verstanden, war die Annexion Chinas und anderer Gebiete. Nationalchinesische Truppen unter der Führung des Kuomintang-Generals Chiang Kai-shek stellten sich den japanischen Angreifern entgegen. Für die Japaner waren die Burmesen ein interessanter Ansatzpunkt, da es bereits breiten Widerstand gegen die britische Kolonialherrschaft gab.

Die Nationalisten Burmas strebten nicht nur eine Autonomie innerhalb des Commonwealth an, sondern die Unabhängigkeit, und waren überzeugt, dass dieses Ziel nur mit einem bewaffneten Aufstand zu erreichen sei. Dreißig junge Widerstandskämpfer, unter ihnen Aung San, der spätere Diktator Ne Win und der künftige Premierminister U Nu, wurden unter höchster Geheimhaltung von den Japanern, auf deren Seite sich die Burmesen geschlagen hatten, auf die Insel Hainan gebracht und ein halbes Jahr militärisch ausgebildet. Sie gingen als die »Dreißig Kameraden« in die burmesische Geschichte ein, die später die Burma Independence Army (BIA) gründeten. Sie dominierten auch nach dem Krieg jahrzehntelang die Politik Burmas. 1988, nach der ersten Niederschlagung der Demokratiebewegung, riefen neun der elf Überlebenden der »Dreißig Kameraden« die Armee auf, sich den Wünschen der Bevölkerung anzuschließen.

Tatsächlich unabhängig wurde das Land erst nach dem Zweiten Weltkrieg mithilfe der Armee unter dem Unabhängigkeitshelden General Aung San. Das erklärt das ambivalente Verhältnis der Bevölkerung zur Armee; einerseits ist sie ein Teil des Gründungsmythos der Union von Myanmar, andererseits unterdrückten ihre Generäle während fünfzig Jahren Militärdiktatur die Bevölkerung. Außerdem ist praktisch jede Familie irgendwie mit der Armee verflochten – zumindest, wenn es eine Bamar-Familie ist. Andere Volksgruppen kommen in der »Tatmadaw« kaum vor. Schließlich unterhielten die meisten von ihnen eigene Armeen, die viele Jahre gegen die Tatmadaw kämpften. Die Streitkräfte und paramilitärische Kräfte wie die Grenztruppen und Spezialpolizeikräfte eingeschlossen, hält das Militär rund 500 000 Mann unter Waffen und gehört damit zu den größten Streitkräften weltweit.

Dass in Burma ohne die Zustimmung des Militärs als größtem Arbeitgeber nichts geht, ist klar. Schließlich leben Millionen in ihm und von ihm. Viele Burmesen hielten die brüske Ablehnung der Armee schon deshalb für einen Fehler Aung San Suu Kyis auf dem Weg zur Demokratisierung. Tatsächlich bewegt sich im Land erst etwas, seit die Opposition mit der regierenden Junta verhandelt und der Demokratisierungsprozess nach deren Spielregeln abläuft. Die Generäle haben sich im neuen Parlament ein Viertel aller Sitze und eine Sperrminorität gesichert. Das ist zwar nicht besonders demokratisch, funktioniert aber offenbar bislang ganz gut. So gut, dass Aung Sang Suu Kyi sich nach dem Wahlsieg ihrer Partei NLD sogar mit dem ehemaligen Militärdiktator Than Shwe traf, immerhin jenem Mann, der für ihren jahrelangen Hausarrest verantwortlich war. Er bezeichnete sie daraufhin, ganz »elder statesman« und etwas gönnerhaft, als die künftige Führerin des Landes.

Wer sich näher für die komplizierte Geschichte des Landes interessiert, dem sei an dieser Stelle das Buch »Der Fluss der verlorenen Fußspuren« des burmesischen Historikers Thant Myint-U empfohlen. Der inzwischen zum Regierungsberater avancierte Enkel des ehemaligen UN-Generalsekretärs beschreibt die wechselvolle Geschichte des Landes so spannend wie ein Historienroman. Die englische Version ist auch in Burma überall zu haben.

Politik – Auf der Suche nach Aung San Suu Kyi

Ehrlich gesagt bin ich niemand, der sich für Politik sonderlich interessiert, und schon gar nicht im Urlaub, doch kommt man bei Burma gar nicht darum herum, sich damit zu befassen. Die Politik in Burma hat mehr Intrigen und Dramen zu bieten als jede Seifenoper. Die Verhältnisse und Ereignisse changieren nach dem Zweiten Weltkrieg zwischen bizarr, tragisch, blutig und unglaublich verwirrend. Eigentlich ist in Burma alles politisch.

Nachdem die Burmesen feststellen mussten, dass die Existenz als Satellitenstaat im geplanten großjapanischen Reich eher schlechter war als der Status einer Kolonie im englischen Commonwealth, wechselte General Aung San, ein ehemaliger Studentenführer, der in seiner Jugend sowohl mit kommunistischen als auch faschistischen Ideen geflirtet hatte, im März 1945, als die Briten zur Rückeroberung des Landes ansetzten, mit seiner Burma Independence Army kurzerhand die Seiten. Bei den Achsenmächten war sowieso nichts mehr zu holen, und Aung San ging es in erster Linie um die Unabhängigkeit.

Während die Briten Burma nach dem Sieg über die Japaner wieder unter die Direktherrschaft eines Gouverneurs stellen wollten, verfolgten Aung San und seine Anti Fascist People Freedom League (AFPFL) andere Pläne.

Durch geschicktes Taktieren und Abkommen mit den Minoritäten wie den Kachin, Karen und den Shan, denen er weitgehende Autonomie zusicherte, gelang es Aung San bei einem Besuch in London, die Briten von den Vorteilen einer sofortigen Unabhängigkeit zu überzeugen. Auch hatte sich der Wind der Weltpolitik insofern gedreht, als dass man sich von einem unabhängigen Burma ein Bollwerk gegen den um sich greifenden Kommunismus versprach. Und wer versprach, gegen den Kommunismus vorzugehen, war ein Freund des Westens, selbst wenn er vorher auch mal zum Tode verurteilt worden war.

Den Erfolg seiner AFPFL bei den folgenden Wahlen konnte Aung San jedoch nicht lange genießen. Am Morgen des 19. Juli 1947 stürmte eine Gruppe bewaffneter Männer das sogenannte Sekretariat, einen pompösen roten Backsteinklotz in der Mitte von Rangun, in dem zuvor die englische Kolonialregierung residiert hatte, und erschoss den gerade mal 32-Jährigen zusammen mit sechs weiteren Komiteemitgliedern des Verfassungsrates. Anstifter des Attentats war ein politischer Rivale.

Am 4. Januar 1948, um genau 4:20 Uhr, wurde Burma zu einem souveränen Staat. Das Datum und die obskure nächtliche Stunde waren zuvor von Astrologen berechnet worden. Premierminister wurde Aung Sans langjähriger Verbündeter U Nu, Präsident der Shan-Fürst Sao Shwe Thaik. Seitdem befindet sich Burma in permanentem Bürgerkrieg – seit über sechzig Jahren!

Ende der 1950er Jahre operierten im Staatsgebiet bereits über zwanzig Rebellenarmeen, zeitweilig waren es über fünfzig. Zu allem Überfluss hatte sich die Kuomintang – die Nationalchinesen Chiang Kai-sheks – im Grenzgebiet zu China breitgemacht und plante mit Unterstützung der CIA die Rückeroberung ihrer Heimat. Die Drogengeschäfte, mit denen sie sich finanzierte, bildeten die Grundlage für das berüchtigte Goldene Dreieck.

1958 bat Präsident U Nu seinen Armeechef Shu Maung, bis zu Neuwahlen die Regierungsgeschäfte zu übernehmen, eine Steilvorlage für den ehemaligen Postbeamten, der sich im Zweiten Weltkrieg den Kampfnamen Ne Win, »Sonne des Ruhms«, zugelegt hatte. Zwar gab Ne Win nach den Neuwahlen im Februar 1960 die Macht wieder an U Nu ab, doch nur zwei Jahre später setzte er zum Staatsstreich an. Ne Win sah sich eine chinesische Ballett-Aufführung an, gratulierte der Ballerina, und ein paar Stunden später, in den frühen Morgenstunden des 2. März 1962, besetzten seine Truppen die strategisch wichtigen Positionen der Hauptstadt Rangun. Um 08:50 verkündete der General per Radioansprache, dass die Streitkräfte die Verantwortung für die Sicherheit des Landes übernommen hätten. Am nächsten Tag wurde das Parlament aufgelöst und die Verfassung ausgesetzt. Ne Win gab bekannt, dass die Armee an die Demokratie, den Sozialismus und eine »gesunde« Politik glaube.

Die nächsten Jahrzehnte ging das Land vollkommen abgeschottet seinen seltsamen »Burmesischen Weg zum Sozialismus«. Ausländische Firmen wurden enteignet und alle Parteien verboten, mit Ausnahme der von Ne Win gegründeten Burma Socialist Program Party. Aufsehen erregte das Land höchstens durch die Marotten seines Diktators.

Ne Win ließ seine Uniformen in der für seine noblen Herrenausstatter bekannten Savile Row in London schneidern und fuhr regelmäßig zu Pferderennen nach Ascot, während er im eigenen Land die Englischschulen schließen und Pferdewetten verbieten ließ. Er heiratete sieben Mal, darunter eine italienische Filmschauspielerin und eine Urenkelin des letzten burmesischen Königs, und isolierte sein Land in den fast dreißig Jahren seiner Herrschaft fast völlig.

1988 war das ökonomische Desaster perfekt, und Ne Win verließ sich wieder einmal auf die Astrologen. Schon bei anderer Gelegenheit hatte er Sinn für skurrile Einfälle seiner Wahrsager bewiesen. Auf ihren Rat hatte er den Linksverkehr von einem Tag zum anderen auf rechts umgestellt, eine Besonderheit für Südostasien, die in Burma immer noch gilt, obwohl die Lenkräder der Autos rechts sitzen. Das ist Macht! Und dass alle der Anordnung folgten, zeigt eindrücklich, wie uneingeschränkt der General herrschte. Diesmal hatten die Astrologen ihn von einer Maßnahme überzeugt, die alles Bisherige in den Schatten stellte. Ne Win beschloss, diverse Banknoten für ungültig zu erklären – ersatzlos. Stattdessen wurden 45- und Neunzig-Kyat-Noten eingeführt, Zahlen, die durch Ne Wins Glückszahl Neun teilbar waren. So sollte er neunzig Jahre alt werden.

Viele Burmesen verloren dadurch ihr Erspartes, und es kam es zu Unruhen, die in einer Großdemonstration am 8.8.88 gipfelten, deren blutiges Ende Numerologen nicht hatten voraussehen können. Schließlich gilt die Acht als ausgesprochene Glückszahl.

In dieser Situation betrat eine Frau die politische Bühne, die einen Großteil ihres Lebens als Professorengattin in Oxford verbracht hatte und eigentlich nur nach

Burma zurückgekehrt war, um ihre kranke Mutter zu pflegen: Aung San Suu Kyi, die Tochter des ermordeten Unabhängigkeitshelden Aung San. Mit einer umjubelten Rede an der Schwedagon-Pagode wurde sie zur Leitfigur der Demokratiebewegung. Politische Konkurrenten sagen ihr noch heute nach, dass sie ihre Position nur dem Umstand zu verdanken habe, dass sie die Tochter Aung Sans sei. »Stellen Sie mal eine andere hübsche Frau vor die Schwedagon-Pagode«, ätzte letztens eine ehemalige Weggefährtin, »was glauben Sie, wie viel Leute da zuhören?«

Im Militär stand jetzt ein Generationswechsel an. General Ne Win zog sich aufs Altenteil in eine Villa an den idyllischen Inya-See in Rangun zurück, galt jedoch noch lange Jahre als graue Eminenz – bis man seine beiden Söhne und seine Tochter Sandar eines versuchten Staatsstreichs beschuldigte. Vereinsamt und unter Hausarrest, nur wenige Kilometer von der ebenfalls am Inya-See unter Hausarrest stehenden Aung San Suu Kyi entfernt, starb er im Jahr 2002. Mit 91 Jahren – die Numerologen hatten recht behalten. Seine Asche wurde in den Rangun River gestreut.

Doch zurück ins Jahr 1988: Die Armee löste sofort nach den Studentenunruhen alle Regierungseinrichtungen auf und schuf das Exekutivorgan State Law and Order Restauration Council (SLORC). Eine der ersten Amtshandlungen von SLORC war die Einführung der Marktwirtschaft. Die vielversprechende Aung San Suu Kyi, die rasch zur Symbolfigur der sich formenden Demokratiebewegung aufgestiegen war, wurde unter Hausarrest gestellt, dennoch gewann die von ihr gegründete Partei National League of Democracy (NLD) die Wahlen von 1990 haushoch.

SLORC gab sich nach der nicht anerkannten Wahl und Studentenprotesten mit geschätzten elftausend Toten den wohlklingenden Namen State Peace und Development Council (SPDC) und betrieb ab Mitte der 1990er Jahre eine wirtschaftliche Öffnung. Schließlich wollte man am Wirtschaftsboom in Südostasien teilhaben. Ärgerlicherweise standen dem die immer schärfer werdenden Sanktionen des Westens entgegen. Aung San Suu Kyi blieb unter Hausarrest, und das – mit Unterbrechungen – die nächsten zwanzig Jahre. Ende 2010 wurde der Hausarrest endgültig aufgehoben, eine Nachricht, die mich elektrisierte. Schließlich hatte ich gerade einen Flug nach Burma gebucht.

Ich war Mitte der 1990er Jahre das erste Mal in Burma gewesen, nachdem ich auf Phuket Leute getroffen hatte, die mir erzählten, die Visa-Bestimmungen seien dahingehend gelockert worden, dass man nicht nur eine, sondern ganze vier Wochen in dem bis dahin völlig abgeschotteten Land verbringen dürfe.

Persönlich war mir Burma zum ersten Mal als Kind in Form eines Sammelbildchens der Schwedagon-Pagode begegnet, das mir zur Vervollständigung des Albums »Wunder der Welt« fehlte. Dieses glockenförmige Gebilde, das laut der dürren Beschreibung auf der Rückseite des Bildes 98 Meter hoch war und mit sechzig Tonnen Gold überzogen, tauschte ich schließlich gegen das Tadsch Mahal und die Pyramiden ein. Die sechzig Tonnen Gold hatte ich nie vergessen. Spontan entschloss ich mich, auf weitere Traumstrände Thailands zu verzichten, und befand mich ein paar Tage später am Fuße jener Pagode, die mich als Kind so begeistert hatte.

Burma kam mir vor wie eine tropische DDR, angefangen vom Zwangsumtausch bis zu dem Umstand, dass man auffällig unauffällig beschattet wurde. Das Ganze hatte etwas von einem Spionagefilm aus den 1960er Jahren und war unfreiwillig komisch. Leute lugten hinter Autos hervor und versteckten sich hinter Zeitungen. Für Politik begann ich mich erst später zu interessieren, und eigentlich nur, weil ich damals diverse merkwürdige Gestalten kennenlernte, die zur Happy Hour im Strand Hotel herumhingen.

»Burma ist für Diplomaten die Endstation«, hatte mir ein betrunkener Brite verraten, der behauptete, als Unternehmensberater tätig zu sein. Dann rutschte er am Tresen herunter und lallte: »Wenn du zu doof bist für Burkina Faso, dann schicken sie dich nach Burma.«

»Es gibt hier keine Unternehmen, die er beraten könnte«, flüsterte mir meine neue Freundin M. zu. »Er arbeitet als Spion für die Amerikaner.«

Danach hatte ich diverse Male das Land bereist und wusste bald alles über Generalsgattinnen, die die Alleinvertretung von internationalen Kosmetikfirmen hatten, dass man mit gebrauchten Mercedes-Limousinen tolle Geschäfte machen konnte oder dass die Delikatessen in den besseren Restaurants direkt aus Singapur eingeflogen wurden. Burma war so merkwürdig und korrupt, dass man gar nicht anders konnte, als das Land spannend zu finden. Eine dieser Merkwürdigkeiten war, dass man die University Road am Inya-See nicht befahren durfte. Unfreundliche Soldaten mit Kalaschnikows sperrten sie ab. An dem idyllischen See mitten in Rangun befanden sich nicht nur der Golfclub, diverse Luxushotels, der amerikanische Club und die russische Botschaft, sondern hier wurden Mitglieder der burmesischen Elite unter Hausarrest gestellt, wie eben der ehemalige Diktator Ne Win und Aung San Suu Kyi.

M. war nicht besonders gut auf »die Lady« zu sprechen. Diese Abneigung hatte einen konkreten Grund: Als sie gerade einmal nicht unter Hausarrest stand, hatte Suu Kyi das Reisebüro von M. quasi überfallen. Unvermittelt war sie mit ihrer Entourage dort aufgetaucht und hatte ein Ticket verlangt, wohl wissend, dass meine Freundin ihr dieses nicht verkaufen durfte, ohne selbst in Teufels Küche zu geraten. Zu allem Überfluss hatte sie internationale Fotografen bestellt, die den Vorgang dokumentierten. M. wurde schließlich als regimefreundlich verdächtigt.

Tatsächlich hatte mein Burmabesuch von 2011 eine gewisse Brisanz. Ich hatte mir nämlich in den Kopf gesetzt, Aung San Suu Kyi zu interviewen, die meiner Ansicht nach ein gewisses Interesse haben musste, sich den westlichen Medien mitzuteilen. M. hatte zufällig den gleichen Anwalt wie Suu Kyi und hielt große Stücke auf den Mann. Einen besseren Draht zu der »Lady« gebe es nicht, die beiden würden sich quasi tagtäglich sehen. Die Leute von der NLD seien ohnehin etwas einfältig, über die bräuchte ich es gar nicht erst zu versuchen.

Bei ihr wohnen könne ich auf gar keinen Fall, wehrte M. ab, das könnte sie ihre Lizenz kosten, und ihre Stellung sei ohnehin schwierig genug. Natürlich könne sie mir einen Kontakt vermitteln, aber nicht der Hauch eines Verdachts dürfe auf sie fallen. Schon allein, dass sie mich kenne, sei schlimm genug, denn wie mir ja sicherlich bekannt sei, verweigere Burma Journalisten prinzipiell die Einreise. Am einfachsten sei es, mich in ein Guesthouse einzumieten. Wo ich mich dann wirklich aufhalte, sei eine andere Sache. Das billigste Hotel sei das Motherland Inn 2, ich könne es über das Internet buchen.

Das überraschte mich, denn als ich das letzte Mal in Burma gewesen war, waren das Internet und Mobiltelefone noch strikt verboten. Das Motherland Inn 2 kostete sechzehn Dollar die Nacht. Für den Preis konnte ich wenig falsch machen.

Ich hatte Burma seit der »Safran-Revolution«, jenem Aufstand der Mönche im Jahr 2007, nicht mehr besucht, und war überrascht, wie modern und geleckt der neue Flughafen-Terminal aussah. Nach dem Zoll erwartete mich ein junger Mann mit einem Schild, auf dem mit Filzstift »Motherland Inn 2« geschrieben stand. Er sammelte mich und einige jugendliche Backpacker ein, die zumeist pärchenweise auftraten.

Der Transfer fand mit einem klapprigen grünen Überlandbus statt. Ich lehnte den Arm aus dem Fenster und ließ mir den Wind ins Gesicht blasen. Nach einer halben Stunde Fahrt lotste man uns in den Frühstücksraum des Motherland Inn 2, da die Zimmer noch nicht fertig waren.

Die neuen Gäste, ein Haufen zusammengewürfelter Nationalitäten, fingen sofort an zu palavern und einander ihre Reisepläne zu erläutern, und innerhalb kürzester Zeit kristallisierten sich Gruppen heraus. Der Langhaarige mit der thailändischen Fischerhose und dem Camouflage-Unterhemd versuchte sich bei zwei Däninnen zu positionieren, eine ängstliche deutsche Studentin schloss sich einem unförmigen Paar an, das sie höchstwahrscheinlich weder zu Drogen noch zu einem Dreier überreden wollte. Aus dem Rahmen fiel nur eine äußerst attraktive kanadische Familie. Jim und Chloë, die Eltern, waren um die Fünfzig, sie in Chinos und zerlatschten Hermès-Loafern, er hatte volle graue Locken und leuchtend blaue Augen wie ein Husky. Der Sohn entsprach so ziemlich jedem Surfer-Klischee. Sie waren überraschend gut informiert.

»Hast du gehört, dass sie diese Bürgerrechtlerin freigelassen haben?« fragte Jim. »Wir haben überlegt, ob wir mal zu der Parteizentrale fahren. Die Adresse steht im Lonely Planet.«

»Und was wollt ihr da?«, erkundigte ich mich.

»Mal sehen. Vielleicht ist sie da.«

»Wenn das so einfach wäre«, seufzte ich. Schließlich durfte ich niemandem von meiner geheimen Mission erzählen. Allerdings erfuhr ich ganz nebenbei, dass angeblich der französische Filmregisseur Luc Besson in der Stadt weilte, der gerade in Thailand das Leben von Aung San Suu Kyi verfilmte; für mich ein weiterer Ansporn, unbedingt ein Interview mit der »Lady« zu bekommen.

Inzwischen war mein Zimmer fertig, bestehend aus zwei Betten mit geblümten Polyesterdecken, aber immerhin mit Aircondition und eigenem Bad. Nach einer Dusche machte ich mich auf den Weg zum Strand Hotel.

Das Strand war in so ziemlich jeder Hinsicht das Gegenteil des Motherland Inn 2, eine Orgie in Teak, Lack und Seide in einem imposanten weißen Kolonialgebäude in der Nähe des Flusses und unstreitig Ranguns erste Adresse. Große Ventilatoren drehten sich träge unter der Decke der Lobby, und zwei Frauen bearbeiteten die glänzenden Holzoberflächen mit wohlriechendem Öl.

M., eine im Gegensatz zu den winzigen Burmesen geradezu walkürenhafte blonde Schweizerin von statuenhafter Eleganz, erwartete mich bereits zum Lunch im Restaurant, das bis auf uns beide und diverse Kellner fast leer war. Fast.

»Sieh nicht hin«, zischelte ich ihr zur Begrüßung ins Ohr, »da hinten in der Ecke sitzt Luc Besson.«

»Wer?« M. fixierte den dritten Gast, dessen Name ihr offenbar nichts sagte, etwas zu auffällig. »Ach, der dicke Belgier.«

»Wieso Belgier?« frage ich.

»Er hat so einen Akzent, ich habe ihn mit dem Kellner reden hören. Außerdem hat er mich komisch angeglotzt.«

»Das, meine Liebe, ist ein berühmter französischer Regisseur, der gerade das Leben von Aung San Suu Kyi verfilmt.«

Wir saßen in Rattanmöbeln mit weichen Kissen, schielten zu Luc Besson und knabberten leckere Kleinigkeiten wie Foie Gras auf karamellisierten Äpfeln. Dann rief M. ihren Fahrer an. Ihre Absätze klackerten über den Marmorboden der Lobby und schreckten das Personal auf. Der Portier verscheuchte Kinder, die vor dem Eingang Postkarten und Souvenirs verkauften, und riss die Wagentür auf.

»Wir müssen auf die andere Flussseite«, meinte M. und redete auf Burmesisch auf den Fahrer ein. Als wir die Brücke überquert hatten, zerfaserte die Stadt zusehends ins Dörfliche. Die Häuser wurden flacher und barackenhaft, die Straßen staubiger, bis wir an einen schmalen Flusslauf kamen, an dem große, moderne Villen standen. Ein mürrisch dreinblickendes Hausmädchen, das ganz offensichtlich die alten Designersachen von M. auftrug und deshalb aussah wie deren etwas aus der Mode gekommenes, dunkelhäutiges Spiegelbild, brachte uns ein Glas Wein und verschwand wieder in der Küche.

»Er« – damit meinte sie den Anwalt – »wird bald da sein«, sagte M., »ich habe ihm einen Wagen geschickt. Er kommt nur, wenn man ihn abholt.«

U Kyi Win war ein weißhaariger Herr von Mitte Siebzig in Longyi und Sakko und erschien mit seiner Frau

»Auntie«. Beide waren einfach reizend, solche Großeltern hätte ich gern gehabt. Auntie tätschelte ausgiebig meinen Unterarm, während sie mit mir sprach. M. hatte mir geraten, Auntie genau zu erklären, was ich vorhatte, während sie U Kyi Win das Haus zeigte, da er schwerhörig war und sein Hörgerät nur bedingt funktionstüchtig. Die Hauptsache sei, dass Auntie mich mochte.

U Kyi Win, so hat mich M. vorher gebrieft, war, bevor er einer der wenigen selbstständigen Anwälte in Burma wurde, Richter und betreute nun nur noch wenige Mandanten, unter ihnen M. und Aung San Suu Kyi.

Als das Essen serviert wurde, tastete ich mich an mein Interviewgesuch heran. U Kyi Win hatte mir gerade wortreich seine juristische Argumentation dargelegt, aufgrund derer Aung San Suu Kyis Hausarrest letztendlich aufgehoben worden war. Beide Parteien, also Suu Kyi und die Generäle, haderten mit der Verfassung von 1948 und beriefen sich darauf, dass es derzeit überhaupt keine gültige Verfassung gebe. Die Junta bezog ihre Legitimation aus dem Umstand, dass sie die *alte* Verfassung außer Kraft gesetzt und eine *neue* Verfassung erarbeiten lassen wollte. Andererseits konnte auch Suu Kyi kein Interesse daran haben, dass die *alte* Verfassung, die ihr eigener Vater installiert hatte, wieder eingesetzt wurde. In dieser existierte nämlich ein Passus, der es Burmesen, die länger als zehn Jahre im Ausland gelebt hatten, verbot, politisch tätig zu sein. Demzufolge könnte sie gar kein politisches Amt bekleiden, selbst wenn die Generäle sie ließen.

»Sozusagen eine Art Patt«, bemerkte ich altklug, obwohl ich die komplizierten juristischen Spitzfindigkeiten nur ansatzweise verstanden hatte. »Was wird sie denn jetzt tun? Die Leute wollen doch sicherlich ein Statement hören. Schließlich ist morgen der Unabhängigkeitstag.«

»Nun«, meinte U Kyi Win, »sie wird sich auf jeden Fall genau überlegen, was sie tut. Demnächst sind Wahlen, und ihre Partei ist nicht zugelassen. Da die NLD zum Wahlboykott aufruft, kann man sie jederzeit als Anführerin einer illegalen politischen Vereinigung wieder verhaften. Im Grunde ist sie jetzt genauso eine Gefangene wie unter Hausarrest. Sie kann nicht einfach irgendwo öffentlich auftauchen. Niemand kann für ihre Sicherheit garantieren. Ihre Bodyguards dürfen keine Waffen tragen, und wenn irgendjemand versuchen sollte, sie umzubringen, dann wären das natürlich unbekannte Banditen.«

Der Pomelo-Salat mit Garnelen war köstlich, scharf, süß und fruchtig. Das mürrische Hausmädchen hatte sich selbst übertroffen, wie alle ihr bestätigten.

»Meinen Sie«, fragte ich, »dass Miss Suu Kyi mir ein Interview geben würde? Man könnte das mit einem kleinen Team drehen, inoffiziell, und vielleicht in ihrem Haus. Wir richten uns da ganz nach ihr.«

»Ja«, fiel M. ein, »und wenn sie nicht über Politik reden will, dann vielleicht über ihren Hausarrest. Jeder möchte doch wissen, was man sechzehn Jahre allein in einem Haus treibt.«

Eine brillante Idee, fand ich. U Kyi Wins Lächeln gerann zu einer Maske, und er klopfte gegen sein Hörgerät, das ein quietschendes Geräusch wie von einer Rückkopplung von sich gab.

»Tut mir leid«, sagte er. »Wie bitte?«

Nachdem ich mein Anliegen zweimal wiederholt hatte, hatte er sich anscheinend eine Strategie zurechtgelegt und versprach, sein Bestes zu tun.

M. versicherte ihm, dass seine anwaltlichen Bemühungen natürlich entsprechend vergütet würden, und ich nickte eifrig.

»Wenn Sie wissen möchten, was sie die ganze Zeit allein gemacht hat«, sagte U Kyi Win und machte eine Kunstpause. »Nun«, setzte er wieder an, »sie hat gemalt. Sie ist eine sehr begabte Künstlerin.«

Vor mir taten sich ganz neue Perspektiven auf: Die Widerstandskämpferin mit dem edlen Profil, wie sie allein im Garten sitzt und auf den idyllischen See blickt, dabei Aquarelle malt und mit mir über die Einsamkeit spricht. Jeder Kultursender der Welt würde mir das aus den Fingern reißen.

»Was malt sie denn?«, erkundigte ich mich. »Kann man die Bilder irgendwo sehen?«

»Nun«, sagte U Kyi Win, »ihr Stil ist ... sehr modern. Sie können die Bilder sogar kaufen. Letzens wurden einige für hundert Dollar pro Stück zugunsten politischer Gefangener verkauft. Vielleicht möchten Sie die Bilder in der Parteizentrale ansehen? Wir könnten Sie auf dem Rückweg in die Stadt dort absetzen.«

Jetzt ging alles ganz schnell. Ich überprüfte mein Bargeld, und auch M. drückte mir ein paar hundert Dollar in die Hand. Ganz klar, Bilder der Nobelpreisträgerin, im Hausarrest gemalt, waren eine tolle Wertanlage. M. schickte das Hausmädchen wegen eines Taxis los und drückte Auntie ein paar Scheine für die Fahrt in die Hand.

Während der Fahrt gab U Kyi Wins Hörgerät endgültig den Geist auf und sendete nur noch ein schwaches Quietschen. Auntie schrie ihrem Mann ein paarmal ins Ohr, dann nickte er ein. Sein Kopf wippte wie bei einem Wackeldackel, eine weiße Haarsträhne fiel ihm in die Stirn. Auntie hingegen war hellwach und redete abwechselnd über die Vereinten Nationen, Wirtschaftsprobleme und Sehenswürdigkeiten, die wir passierten.

Hinter der Sule-Pagode wachte U Kyi Win wieder auf, und die beiden wechselten in einen unauffälligen Wagen, der sie bereits erwartete. Zuvor wiesen sie den Taxifahrer noch an, mich zur Parteizentrale der NLD zu bringen.

Die Parteizentrale lag auf einem Hügel hinter der Schwedagon-Pagode gegenüber einer Teestube, vor der mehrere Geheimdienstler lungerten, die sich keine Mühe gaben, sich zu tarnen oder zu verstecken. Einer hatte einen Feldstecher in der Hand, ein anderer eine Kamera mit Teleobjektiv. Ich konnte den Auslöser klicken hören, als ich hineinging.

In der von Neonleuchten erhellten Eingangshalle standen ein paar alte Metallschreibtische, an der Wand hing ein verblichenes Bild von General Aung San. Den weitaus größten Raum nahm ein Devotionalienshop mit allem von und über Aung San Suu Kyi ein: Bilder, Poster, Postkarten und Bücher – alles zierte das Konterfei der »Lady«. Die Atmosphäre war gleichzeitig konspirativ und ein bisschen nervös, schließlich wollte man einen Schurkenstaat stürzen.

Als ich nach den Gemälden fragte, wurde ich von einer westlich gestylten jungen Frau mit Kurzhaarschnitt in ein Hinterzimmer geführt. Ihr gab ich mich als Journalist zu erkennen und erwähnte, dass U Kyi Win mich geschickt hatte. Sie zögerte einen Moment, dann öffnete sie eine Schublade und zeigte mir einen Stapel Postkarten, deren Motive mich, gelinde gesagt, schockierten: krakelige, mit einem sehr altertümlichen Computerprogramm gezeichnete Blumen und etwas, das man wohlwollend als eine schlammfarbene Seelandschaft interpretieren konnte. Ein Set Postkarten kostete umgerechnet etwa zehn Euro.

»Und was ist mit den Originalen?«, wollte ich wissen. Mit einer Signatur hätte ich glatt hundert Dollar dafür ausgeben. Darum ging es schließlich, ganz egal, wie scheußlich die Bilder waren. Die Frau zuckte mit den Schultern.

»Es gibt nur die hier. Die signierten waren für eine Benefiz-Veranstaltung.«

Ich kaufte mehrere Postkartensets – wegen der politischen Gefangenen, denen der Erlös zugutekommen sollte. Draußen wurde es dunkel. Ich winkte nach einem Taxi und ließ mich ins Motherland Inn 2 bringen. Die Ausländerpolizei war schon da gewesen. Man habe sich nach mir erkundigt, gab mir das bebrillte Mädchen an der Rezeption zu verstehen, aber das sei kein Grund zur Sorge. Sie wusste bereits, dass ich an der Parteizentrale gesehen worden war. In meinem Zimmer lagen ein paar Sachen anders, aber das konnte auch der Zimmerservice gewesen sein.

Ich duschte kurz und setzte mich mit einem Bier vor die Tür. Die Backpacker waren alle an der Schwedagon-Pagode und auf dem Basar gewesen. Schließlich kamen die Kanadier. Sie waren aufgekratzt und zeigten Fotos, die sie mit dem Handy geschossen hatten. Ich erkannte eine Menschenmenge vor der Parteizentrale, dann den Schreibtisch, an dem ich vor wenigen Stunden selbst gesessen hatte. Davor saß Aung San Suu Kyi, neben ihr Chloë und Jim. Alle drei lächelten in die Kamera, als seien sie beste Freunde.

»Wow«, sagte ich, um Fassung ringend. »Ist es das, wonach es aussieht?«

»Ja«, bestätigte Jim. »Toll, nicht wahr? Nach der Pagode sind wir in Richtung der Parteizentrale gegangen, und davor standen ein paar Leute. Aung San Suu Kyi war da und hat versucht, eine Ansprache zu halten, aber schließlich gab es ein Gedränge, und wir bekamen es mit der

Angst zu tun. Irgendjemand hat uns dann ins Haus gezogen, weil er fand, wir sähen aus wie Journalisten. Wir haben ihn in dem Glauben gelassen.«

Eine Stunde später wartete M. mit einem Whisky Sour an der Bar des Strand Hotel.

»Ich habe dir etwas mitgebracht«, sagte ich und drückte ihr ein Postkartenset in die Hand.

»Mein Gott«, rief sie und schüttelte den Kopf, als sie die Bilder sah. »Ich habe dir doch gesagt: Diese Frau ist vollkommen überschätzt.«

Später lag ich im Motherland Inn 2, konnte nicht einschlafen und hatte Sodbrennen, von den Whisky Sours oder vor Ärger. Über das Fliegengitter vor dem Fenster kroch eine mausgroße Kakerlake.

Wieder in Bangkok, schickte ich M. eine Mail für U Kyi Win, in der es um seine Unkosten ging. Wir würden uns finanziell sicher einigen können, schrieb ich. Zwei Wochen später wurde ein Interview ausgestrahlt, das ein Schweizer Team mit der »Lady« gemacht hatte. U Kyi Win setzte sich bald darauf zur Ruhe, ein Jahr später kam der Film von Luc Besson ins Kino, und noch ein wenig später fanden der neue Präsident Thein Sein, ein ehemaliger General, und Aung San Suu Kyi sich plötzlich nett. Alle machten ihr ihre Aufwartung. Man sah die »Lady« mit Hillary Clinton, mit Bob Geldof und dem deutschen Entwicklungshilfeminister Dirk Niebel. Sie traf die Queen und fuhr nach Oslo, um ihre Nobelpreisrede zu halten. Prompt wurden die Sanktionen aufgehoben.

Unwahrscheinlich, dass ich die »Lady« jemals treffen werde. Sie ist inzwischen so etwas wie eine Heilige und Ersatzkönigin. Aung San Suu Kyis jahrelang als »Gefängnis« tituliertes Haus wird jetzt in den westlichen Medien immer öfter als ihre »Residenz« bezeichnet. Dabei war es immer eine schicke Villa in der teuersten Wohngegend. In Rangun definieren sich viele einflussreiche Leute inzwischen wie früher bei Hofe durch ihre Nähe zur Monarchin. Auch wenn manche Leute sie nicht mögen, und auch wenn der Vorsitzende der Regierungspartei von ihr immer als von »diese Frau« spricht: Jeder, der ein Foto mit ihr hat, lässt es rahmen und stellt es auf seinen Schreibtisch. Übrigens gibt es inzwischen eine neue Verfassung, die zwar dem Militär eine Sperrminorität zubilligt, dafür wurde aber Aung San Suu Kyi ins Parlament gewählt. Obwohl auch an einer Aung Sang Suu Kyi das politische Alltagsgeschäft nicht spurlos vorbei- und mit einer gewissen Entzauberung einhergeht, konnte ihre Partei NLD (National League for Democracy) bei den Parlamentswahlen im November 2015 einen derartigen Erdrutschsieg verbuchen, dass jetzt sogar das Unmögliche möglich erscheint: eine Verfassungsänderung, die eine Präsidentin Aung San Suu Kyi möglich machen würde. Für viele Generäle wäre der Übergang zur Zivilgesellschaft sicher einfacher zu ertragen, wenn nicht ausgerechnet ihre alte Reizfigur das Amt übernehme. Suu Kyi selbst äußerte mehrfach, sie sehe sich in jedem Falle als Führerin des Landes, egal wer nun Präsident werde.

Unterwegs: Reisen nach und in Burma

Wie jedes Land hat auch Burma seine klassischen Routen und Sehenswürdigkeiten. Ob man die ganzen 28 Tage, die ein Touristenvisum normalerweise zulässt, ausnutzen oder nur einen Kurztrip machen will: Wer das erste Mal nach Burma kommt, wird sich in den meisten Fällen die »Großen Vier« ansehen wollen. Das sind Burmas größte Stadt Rangun, die grandiosen Ruinenfelder von Bagan mit ihren Tausenden von Pagoden, die Umgebung von Mandalay und der Inle-See. Für Rangun, das in allen Belangen bis auf die offizielle Politik immer noch Hauptstadt ist, sollte man mindestens zwei oder drei Tage einplanen, ebenso für Bagan, die Umgebung von Mandalay und den Inle-See. Da die meisten Fluggesellschaften diese Route im Kreis abfliegen, bietet es sich an, ihr zu folgen. Einzelne Etappen lassen sich auch gut mit dem Boot (Bagan / Mandalay) oder per Auto (zum Beispiel Mandalay / Inle-See), Bus oder Zug zurücklegen.

Ausgehend von dieser Route lassen sich diverse Abstecher einplanen, wie, je nach Erholungsbedarf, ein paar

Tage Strand in Ngapali oder Ngwe Saung, Trekking im Shan-Staat oder bei Kalaw oder ein Trip in Richtung Süden über Bago und den Goldenen Felsen zur Küstenstadt Mawlamyine. Auch die Reise entlang des Ayeyarwady – mit Boot, Bus und Sammeltaxi (meist Pick-ups) – gewinnt zunehmend an Beliebtheit.

Eine Ausnahme sind Tauchsafaris in der Andamanensee. Diese starten meist im thailändischen Ranong oder auf Phuket. Sie sind zwar ziemlich teuer, doch die Burma Banks oder der berühmte Tower Rock gelten als Weltklasse-Tauchreviere. Verkauft werden sie meist in einem Komplettpaket.

Eine Burma-Reise kann man sich ohne große Probleme selbst zusammenstellen, allerdings kostet das aufgrund der schlechten Internetverbindungen manchmal ziemlich viel Zeit und Geduld. Gern helfen bei Buchungen vor Ort Hotels oder Reisebüros, viele Unterkünfte lassen sich auch vorab übers Internet buchen. Wer auf so viel Organisationarbeit keine Lust hat, kann auf diverse Agenturen zurückgreifen, die alles individuell durchorganisieren. Touren gibt es in allen Preislagen, von »budget« bis Luxus. Die Agentur Myanmar Travel der Schweizerin Myriam Grest zum Beispiel, die seit über zwanzig Jahren im Land lebt, ist auf High-End-Reisen spezialisiert (myanmartravel.net und travelwithustoasia.com).

Spezialisierte Agenturen können häufig auch Sondergenehmigungen für Gebiete besorgen, die offiziell für Touristen gesperrt sind (empfohlen wird von Guides zum Beispiel elegantmyanmartours.com; Touren für Wirtschaftsdelegationen organisiert myanmarpolestar.com).

Allerdings muss man sich darauf einstellen, dass Sperrgebiete entweder tatsächlich gefährlich sind – obwohl die meisten ethnischen Gruppen seit den 1990er Jahren

Waffenstillstandsabkommen unterzeichnet haben, gibt es gerade in den Grenzgebieten immer noch Rebellenarmeen und Drogenschmuggler – oder keine Infrastruktur haben. Ohne Guide wird man hier kaum reisen können. Informationen über Reisebestimmungen in abgelegene Gegenden, Sondergenehmigungen und entsprechende Visa bekommt man beim MTT (Myanmar Travel and Tour Office), dem Reisebüro der Regierung. Es ist direkt an der Sule-Pagode zu finden.

Ein normales Touristenvisum für Burma bekommt man mit einer Vorlaufzeit von etwa zwei Wochen bei einer Botschaft Burmas. Besonders zeitnah erfolgt die Bearbeitung in Bangkok, das für die meisten Besucher das »Tor zu Burma« ist.

Der Besuch der Botschaft in Bangkok ist immer noch eine Erfahrung, auch wenn er viel von seinem gruseligen Reiz eingebüßt hat. Das Gebäude im Bangkoker Botschaftsviertel Sathorn, dessen Mauern mit Glassplittern und Stacheldraht gespickt sind, wirkt wie ein Relikt des Kalten Kriegs. Unschwer kann man sich sowohl das Gebäude als auch die Angestellten als Protagonisten eines B-Pictures im Agentenmilieu der 1960er Jahre vorstellen.

Die einst streng blickenden Uniformierten sind inzwischen deutlich freundlicher, und das unbestimmte Gefühl, dass man hinter diesen Mauern auf Nimmerwiedersehen verschwinden könnte und niemand einen gesehen hätte, ist gewichen. Inzwischen gibt es sogar einen alten Monitor, auf dem Werbefilme laufen, und verschlissene Plastiksitzbänke, auf denen man warten kann, bis die Nummer aufgerufen wird, die man gezogen hat.

Wer einen Beruf angibt, der auch nur entfernt mit Presse oder Politik zu tun hat, kann immer noch Schwierigkeiten haben, ein Touristenvisum zu bekommen. Ein Bekannter, der sich als Backpacker verkleidet hatte, wurde kürzlich als Korrespondent eines Senders enttarnt und wieder weggeschickt. Um Probleme zu vermeiden, rate ich im Zweifelsfall zur Lüge: Handwerkliche Berufe sind politisch besonders unverfänglich. Ich gebe mich immer als Public Relation Manager aus. So etwas gibt es in Burma nicht.

In der nächsten kleinen Querstraße rechts Richtung Silom Road gibt es einen Copyshop, der alles vorrätig hat, was man für ein Visum braucht. Zur Hauptreisezeit lohnt es sich, das Antragsformular – das man für Bangkok übrigens nicht aus dem Internet herunterladen kann – dort zu kaufen, denn da kann es passieren, dass sich vor der Botschaft häufig Schlangen bilden und die Formulare ausgehen.

Die Erteilung eines normalen Touristenvisums erfolgt innerhalb von zwei Werktagen, auch eine Bearbeitung innerhalb eines Werktages oder sogar am selben Tag ist möglich, kostet aber entsprechend mehr. Bei einem »Same-Day-Visa« wird die Vorlage eines Flugtickets für den nächsten Tag verlangt. Allerdings kann sich all das schnell ändern, insofern lohnt es sich, auf der Website der Botschaft die gerade aktuellen Bestimmungen zu recherchieren. Die schnellste, allerdings etwas teurere Art, an ein Visum zu kommen, ist das neue E-Visum, das online innerhalb weniger Tage ausgestellt wird. Das Ganze ist geradezu absurd einfach. Gerade diesen Umstand, dass man gar nicht glauben kann, wie schnell man ein Visum für das ehemals abgeschottete Land bekommt, machen sich findige Agenturen zunutze, die anbieten, E-Visa zu besorgen. Sie kassieren dreißig Dollar dafür, dass sie einfach nur die Daten weiterleiten. Deshalb sollte man das

Visum nur auf der offiziellen Regierungswebsite beantragen. Ausfüllen, auf die Bestätigung warten, ausdrucken – das ist alles! (http://evisa.moip.gov.mm)

Für ein Business-Visum benötigt man eine Einladung des Kontakts in Burma. Ein Meditationsvisum ist drei Monate gültig. Da die Bearbeitung einige Zeit in Anspruch nehmen kann, wird empfohlen, dieses Visum mindestens zwei Monate vor Abreise zu beantragen. Notwendig ist eine Einladung des Meditationszentrums, ein Bewerbungsbrief für das Studium des Theravada-Buddhismus und ein kurzer Lebenslauf.

So kompliziert burmesische Behörden manchmal sein mögen, so locker sehen sie es, wenn man den Aufenthalt im Land ein paar Tage überzieht. So ein Overstay ist billig und kostet pro Tag gerade mal drei Dollar.

Botschaft der Union Myanmar
Thielallee 19, 14195 Berlin,
Tel: 030 206 157–0, Fax: 030 206 157–20,
E-Mail: info@botschaft-myanmar.de
Bürozeiten: Mo. bis Fr. 9.30 bis 16.30 Uhr.
www.botschaft-myanmar.de

Embassy of the Republic of the Union of Myanmar
132, Sathorn Nua Road, Bangkok 10 500
Tel: + 66 2 332 237, 344 698, 337 250, 344 789, 377 744
Fax: + 66 2 236–6898
www.mofa.gov.mm/myanmarmissions/thailand.html

Der Eingang befindet sich um die Ecke in der Sathorn Road, Soi 16, von der Silom Road beim Hindu-Tempel abbiegen.

Eine der meistgestellten Fragen in Bezug auf Burma ist die, wie man denn am einfachsten dort hinkommt und wie man sich am besten im Land bewegt.

Die Einreise erfolgt fast immer per Luft und über Rangun, weshalb diese Stadt meist Ausgangs- und Endpunkt der Reise ist. Zwar gibt es inzwischen auch internationale Flugverbindungen nach Rangun von Singapur, China, Vietnam und angeblich demnächst von Frankfurt aus, generell jedoch werden die meisten Touristen über Bangkok einreisen. Diverse Grenzübergänge übers Festland von Thailand oder China aus sind inzwischen geöffnet, wie zum Beispiel der berühmte Drei-Pagoden-Pass in der Nähe des thailändischen Kanchanaburi oder der Übergang von Myawaddy zum thailändischen Mae Sot. Während man von Mae Sai in Nordthailand früher nur nach Tachilek fahren konnte oder von Ranong im Süden nur nach Kawthaung, so ist jetzt eine Weiterreise meist möglich. Selbst eine wenig empfehlenswerte Busverbindung von Bangkok nach Rangun existiert inzwischen. Sollten Sondergenehmigungen für eine Ausreise über Land vonnöten sein, kann man diese in Rangun über das MTT bekommen.

Am einfachsten und günstigsten fliegt man von Bangkok mit Air Asia, aber auch Thai Airways und Myanmar Airways International fliegen Rangun täglich an. Nimmt man den frühen Flug von Air Asia, hat man praktisch den ganzen Tag in Rangun zur Verfügung. Seit Oktober 2012 wird auch Mandalay regelmäßig von Bangkok angeflogen, 2013 soll Bagan dazukommen.

Der neue Flughafenterminal in Rangun ist übrigens beinahe enttäuschend modern. Der alte, der noch für Inlandsflüge genutzt wird, bereitet einen eher auf die Realität vor. Er mischt das Ambiente einer Grenzübergangsstelle der DDR mit dem Geruch chlorhaltiger Reinigungsmittel und sieht aus wie eine Pappschachtel mit goldenen Gipsornamenten.

Und wie bewegt man sich im Land? Die Antwort ist ganz einfach: Wie überall sonst auch! Zugegebenermaßen ist das nur die halbe Wahrheit. Man reist zwar zumeist mit Autos, Zügen, Flugzeugen und Booten, doch die sind meist sehr viel älter und sehr viel weniger bequem als in wirtschaftlich höher entwickelten Ländern, die nicht jahrzehntelang von einem Embargo betroffen waren. Dafür gibt es eine Menge exotischer Verkehrsmittel wie Ochsenkarren, Pferdekutschen und Trishaws. Übrigens: Selbst wenn man sich in erster Linie mit dem Flugzeug fortbewegt, sollte man für eine Burma-Reise ein Minimum von acht bis zehn Tagen einplanen, wenn man nicht hetzen will.

Wenn man nicht gerade von teuren Hotels in klimatisierten Kleinbussen oder Limousinen am Flughafen abgeholt und durch die Gegend gekarrt wird, verbringt man die ersten paar Stunden in Rangun in einer Art Schockstarre. Diese Taxis! Diese Fußgängerwege! Diese Straßen! Diese Busse! Diese Autos!

Am ehesten lässt sich die Situation vielleicht mit der in Kuba vergleichen, das ebenfalls durch amerikanischen Boykott konserviert wurde, nur dass in Burma keine dekorativen alten amerikanischen Straßenkreuzer durch die Gegend kurven, sondern komisch eckige weiße Mitsubishis und Toyotas aus den frühen 1980er Jahren ohne Klimaanlage, bei denen sich entweder die Fenster nicht öffnen lassen, die Tür nicht schließt oder die Innenverkleidung fehlt. Von der Federung der Sitze ganz zu schweigen. Seit die Regierung den Einfuhrzoll auf Autos drastisch verringert hat, sieht man immer mehr Neuwagen. Innerhalb eines Jahres hat sich das Straßenbild extrem verändert, und Stau, früher in Rangun völlig unbekannt, ist jetzt ein ständiger Begleiter.

Der Preis für Taxifahrten ist vorher auszuhandeln und beträgt vom Flughafen in die Innenstadt etwa sechstausend Kyat, bei Kurzstrecken in Downtown sind es meist 1500 oder zweitausend Kyat. Das ist im Vergleich zu anderen asiatischen Metropolen relativ teuer, allerdings verweisen die Taxifahrer gern auf die oben erwähnten Einfuhrzölle. Damit haben sich übrigens viele Leute verspekuliert. Ein Gebrauchtwagen, der nach den alten Regelungen nach ein paar Jahren genauso viel wert gewesen wäre wie beim Kauf, bringt jetzt nur noch die Hälfte.

Taxis für Überlandfahrten oder tageweise gemietet sind dagegen recht günstig, auch mit dem Sammeltaxi kommt man oft schneller und bequemer ans Ziel als mit dem Bus, da es einen mitsamt Gepäck nicht an irgendeiner Bushaltestelle aussetzt, sondern direkt ans Ziel bringt. Natürlich werden teure Hotels versuchen, ihren Gästen eine teure private Limousine anzudrehen, während günstige gern bei der Suche nach einem »shared taxi« behilflich sind. Die Fahrt auf dem Beifahrersitz kostet mehr, man sollte sich jedoch überlegen, ob man ihn wirklich haben möchte, da funktionierende Sicherheitsgurte als überflüssiger Luxus gelten.

Bei den am Straßenrand aufgereihten Flaschen mit undefinierbarem Inhalt handelt es sich übrigens nicht etwa um Palmwein, sondern um Benzin. Da Benzin rationiert ist, fahren die meisten Autos sowohl mit Treibstoff, der von der Regierung gestellt wird, als auch mit solchem vom Schwarzmarkt.

Trotz allem ist der Verkehr in Rangun relativ gesittet. Das liegt daran, dass Mopeds und Fahrräder im Bezirk Rangun verboten sind. Andernorts kann es durchaus Spaß machen, die Umgebung mit dem Fahrrad zu erkunden. Ein Auto oder Moped selbst zu fahren ist Touristen nicht erlaubt, da internationale Führerscheine nicht anerkannt werden. Auch das mag sich schnell ändern.

Während es früher gern zu Engpässen bei Inlandsflügen kam, gibt es mittlerweile diverse lokale Airlines, sodass man auch kurzfristig Flüge bekommt. Ganz einfach ist das Fliegen trotzdem nicht. Zwar kann man Flüge über das Internet reservieren, aber nicht bezahlen, da aufgrund der immer noch bestehenden Sanktionen Kreditkarten nicht funktionieren. Aus diesem Grunde gibt es auch keine E-Tickets, und man muss in jedem Fall ins Reisebüro oder zum Airline-Schalter, um das Ticket ausstellen zu lassen. Teurer wird es dadurch nicht, da Agenturen einen Rabatt bekommen.

Dadurch, dass jetzt mehr Airlines operieren, ist die Qualität der Maschinen besser geworden. Als sicher gilt jetzt sogar die berüchtigte Myanma (sic!) Airways (nicht zu verwechseln mit Myanmar Airways International), die einst als die gefährlichste Fluggesellschaft der Welt verschrien war, da es immer wieder zu Zwischenfällen kam. Ich kann mich noch sehr gut an einen Horrorflug in den 2000er Jahren erinnern, bei dem die Passagiere bei einer ungeplanten Zwischenlandung das Flugzeug räumen mussten. Vielleicht alles ganz harmlos, wie man uns damals weismachen wollte, vielleicht aber auch nicht.

In Burma wird vieles improvisiert, die Infrastruktur ist oft furchtbar, aber im Endeffekt funktioniert alles irgendwie. Das ist eigentlich typisch für ganz Südostasien und bezieht sich auf alle Lebensbereiche: Erst heißt es, alles sei kein Problem, dann geht gar nichts, und zum Schluss funktioniert es irgendwie. Also lassen Sie sich nicht von einer der fast obligatorischen Pannen aus der Ruhe bringen. Man hilft sich, und es dauert nur einfach alles ein bisschen länger. Jeder Tag bringt neue Begegnungen, neue Erlebnisse, neue Unvorhersehbarkeiten – eben das, was Reisen ausmacht.

Die vermutlich preisgünstigste Art zu reisen ist mit dem staatlichen Bus. Das ist allerdings auch der einzige Vorteil der Ruß spuckenden Ungetüme, die meistens älter als dreißig Jahre und fast immer derart überfüllt sind, dass sich Gepäck, lebende Tiere und ab und an auch Fahrgäste auf dem Dach türmen. Anstrengender sind nur Überlandfahrten in Pick-ups, die jedoch ohnehin meist nur kurze Strecken bedienen. Wenn man sich in denen nicht festhält, landet man bei jedem Schlagloch mit dem Kopf am Blechdach.

Hinzu kommt bei allen Autos die »buddhistische Fahrweise«, wie man die halsbrecherische Jagd über Serpentinen oder Staubstraßen nennt. Buddhistisch deswegen, weil den Fahrern Leben oder Tod anscheinend egal ist, weil sie noch diverse Inkarnationen vor sich haben. Reisen in Burma ist insofern immer auch eine Lektion in Demut. Man muss sich eben ein bisschen quälen, wenn man das Land abseits der großen Touristenziele kennenlernen möchte, und lernt, dass auch kleine Annehmlichkeiten einen sehr glücklich machen können.

Die privaten Busunternehmen, die die wichtigen Hauptstrecken bedienen, haben neuere Fahrzeuge mit Klimaanlage, die allerdings grundsätzlich so kalt eingestellt ist, dass man sich ohne Jacke und Schal entweder eine Erkältung oder einen steifen Hals holt. Zumindest hat man einen eigenen Sitzplatz. Aufgrund der schlechten Straßenverhältnisse wird die Fahrt auch in einem solchen Bus nie wirklich bequem sein, und man kommt in der Regel auch nicht zu einem Nickerchen. Am Schlafen hindert einen das in schallender Lautstärke über meist knarzende Boxen ausgestrahlte Karaoke-TV, bei dem der gesamte Bus lauthals mitsingt. Das Ticket sollte man sich ein oder zwei Tage im Voraus besorgen, denn Busse sind häufig ausgebucht.

Ranguns Busbahnhof ist ein wildes und absolut chaotisch wirkendes Getümmel aus Hunderten von Bussen und Tausenden von Menschen. Nach ein paar Anläufen ist man froh, endlich im richtigen Bus zu sitzen, wo man meist für längere Zeit bleiben darf, genauer gesagt: für fünfzehn Stunden nach Mandalay oder für zwölf Stunden nach Bagan – im Idealfall, es kann auch länger dauern. Ich empfehle in jedem Fall die Mitnahme von aufblasbaren Nackenkissen, genügend Trinkwasser – obwohl die langen Fahrten alle paar Stunden zu Essens- und Toilettenpausen unterbrochen werden – und Beruhigungstabletten, die man rezeptfrei in der Apotheke bekommt. Dann kann man die Fahrt auf Wunsch trotz Karaoke und Geholper im Dämmerschlaf verbringen.

Wenn man die Ausläufer von Rangun verlässt, erahnt man, wie es wirklich in Burma aussieht. Alte, klapprige und verrostete Fahrzeuge bestimmen das Straßenbild, manchmal kann man kaum glauben, dass die Autos und Lkws noch ohne fremde Hilfe vorankommen. Daneben sind Heerscharen von Moped- und Radfahrern unterwegs, Ochsenkarren vervollständigen das Bild. In manchen Städten wie Bagan und Pyin Oo Lwin kommen nostalgisch aussehende Pferdekutschen – *gharrys* genannt – hinzu, die an den Wilden Westen erinnern. Sie sind durchaus nicht nur für Touristen gedacht, sondern werden auch von Einheimischen im Nahverkehr genutzt. Tatsächlich sind sie ideal zum Sightseeing, da sie genau das richtige Tempo haben, um Sehenswürdigkeiten im Vorüberfahren zu genießen. Autos und Mopeds sind dafür zu schnell.

Burma hat ein recht weitverzweigtes Eisenbahnnetz. Der Zustand gleicht dem von Bussen und Straßen. Man hat die Wahl zwischen der Ordinary Class mit einfachen Holzbänken, in der Mäuse über den Boden huschen, an denen niemand Anstoß nimmt, Frauen ihre Babys stillen, Händler Snacks verkaufen und in der man alle zehn Minuten durchgeschüttelt und von der Bank gehoben wird, und der Upper Class mit großen Polstersitzen mit weißen Baumwollbezügen; zwischen Rangun und Mandalay sowie Mandalay und Myitkyina verkehren auch Schlafwägen. Tickets bekommt man an allen Bahnhöfen, bezahlt wird in Dollar. Touristen zahlen grundsätzlich einen weitaus höheren Preis als Einheimische, vielleicht wegen des Tickets mit dreifachem Durchschlag, in dem die Passnummer vermerkt wird. Die Bahn stammt großteils aus der Zeit der britischen Kolonialherrschaft und ist deshalb museal und nicht besonders schnell. Trotzdem halten sich Verspätungen einigermaßen in Grenzen. Ich persönlich reise gern mit dem Zug, da man die Menschen viel eher kennenlernt und zumindest in der ersten Klasse recht komfortabel sitzt.

Auch für Unterhaltung ist gesorgt. Gelegentlich stürmt ein Promotion-Team den Waggon. Als ich letztens mit dem Zug von Bagan nach Mandalay fuhr, kam eine Gruppe von drei Männern herein und führte eine komplette Inszenierung um ein Produkt auf. Die drei trugen schwarze, glänzende Synthetikhosen (Hosen, keine Longyis!), der Anführer zückte ein kleines Fläschchen, dessen

Inhalt er lautstark anpries, unterbrochen durch gezielte Fragen und synchrone Ahs und Ohs seiner Kollegen, die beide einen Bauchladen mit dem geheimnisvollen Elixier trugen. Er tröpfelte die Flüssigkeit auf eine Papierserviette, eine Frau schnupperte daran. Eine zweite cremte sich den Hals damit ein, ein Mann leckte daran, jeweils lautstark untermalt von den Kommentaren der drei Verkäufer. Ich rätsele bis heute, was es war. Hautöl? Parfum? Gewürzmischung? Insektenschutz? Gekauft hat das Zeug jedenfalls niemand.

Da es in Burma diverse schiffbare Flüsse gibt, kann man viele Strecken auch mit dem Boot zurücklegen; besonders auf dem Ayeyarwady ist das sehr beliebt. Auf einigen Strecken sind Schnellboote unterwegs, allerdings nur in der Hauptsaison, da in der Trockenzeit der Fluss nicht genug Wasser führt. Andere Strecken kann man nur mit dem öffentlichen Boot bereisen. Schnellboote verbinden meistens größere Städte miteinander und bieten sich an, wenn man größere Strecken möglichst schnell überwinden möchte. Öffentliche Boote dagegen tuckern gemächlich die Flüsse auf und ab und halten an fast jedem Dorf. Eine Fahrt auf ihnen ist dennoch immer wieder ein Erlebnis, da auf ihnen fast alles transportiert wird, man viele Einheimische kennenlernt und wunderbar die Landschaft betrachten kann. Tickets bekommt man an den Anlegestellen oder über Agenturen. Wer mehrere Tage mit dem öffentlichen Boot unterwegs ist, kann sich eine – meist ziemlich schäbige – Kabine mieten. Wer mit den Einheimischen an Deck schlafen will, sollte eine Isomatte und eine Decke dabei haben, da es nachts kalt und feucht werden kann.

Für Tagesexkursionen und Alleinreisende empfiehlt es sich, einen Guide mit Moped zu nehmen. Man ist billig unterwegs und bekommt von der Atmosphäre deutlich mehr mit, als wenn man sich im klimatisierten Auto durch die Gegend fahren lässt. Außerdem kann man mit dem Moped auch Wege befahren, auf denen kein Pickup vorankommt, und die Mopeds, meist chinesischer Herkunft, sind mit einem schweren Europäer auf dem Sozius so langsam, dass man zumindest das Gefühl hat, man sei auch nicht gefährdeter als in einer Trishaw. Dennoch sollte man den Fahrer fragen, ob er einen Helm besorgen kann.

Trishaws – dreirädrige Fahrräder mit Beiwagen – sind recht selten geworden, obwohl sie wie Kutschen das ideale Tempo für Sightseeing haben. Leider sind die Sitze oft nicht für die Länge und Breite von Westlern gemacht. Sitzt der Fahrer noch nicht im Sattel, bäumt sich unter der Last gern das Vorderrad auf. Von daher eignen sie sich nicht für lange Strecken, zumal auch die zierlichen Fahrer bei großen und schweren Ausländern an ihre Grenzen kommen – wobei sie das nie zugeben würden.

Bargeld lacht

Vor ein paar Jahren kam ich in einem der schickeren Vororte Ranguns an einer Shoppingmall vorbei und wunderte mich über einen Menschenauflauf. Da ich ein Promotion-Schnäppchen vermutete – Verkostungen westlicher Gerichte wie Pizza sind gerade das ganz große Ding –, trat ich näher, doch was die Leute fast ehrfürchtig beobachteten, war die Installation eines Metallkastens, an dessen oberem Ende ein Monitor eingelassen war. Es handelte sich um den ersten Geldautomaten in Burma. Ein paar Tage später entdeckte ich in einem Wechselbüro hinter dem Bogyoke-Markt bereits einen zweiten. Mittlerweile gibt es in der Innenstadt Ranguns jede Menge davon. Einer dieser Automaten verschandelt sogar den Osteingang der Schwedagon-Pagode.

Kein Wunder, dass die Leute so fasziniert waren, denn Geld, genauer gesagt Bargeld, ist in Burma immer ein Problem und schwierig zu beschaffen. Deutlicher als mit Geldautomaten kann man daher gar nicht demonstrieren, dass eine neue Zeit angebrochen ist. Für Leute, die öfter in Burma zu tun haben, ist das ungefähr so, als würde das Land plötzlich Satelliten in die Erdumlaufbahn schicken. Allerdings erhielt meine Euphorie sofort einen Dämpfer. Momentan, so sagte man mir auf Nachfrage, seien die Automaten nur für lokale Karten zugelassen, aber das solle sich bald ändern.

Dennoch empfehle ich, wie in allen Jahren zuvor, einen Großteil des Urlaubsetats bar und in Dollar mitzunehmen. Nach dem Ende zahlreicher Wirtschaftssanktionen funktionieren auch Überweisungen per Western Union, und auch mit Euros kommt man in den Großstädten weiter. Kreditkarten werden in größeren Hotels zwar inzwischen akzeptiert, aber sicher sein kann man sich nicht. All das ist kompliziert und unsicher, und wer weiß, wie die neuen Geldautomaten im Falle eines Stromausfalls reagieren? Ich würde es nicht darauf ankommen lassen. Von daher: Verlassen Sie sich lieber auf Cash!

Während man kleinere, alltägliche Ausgaben in der burmesischen Währung Kyat bezahlt, werden Flüge, Hotels oder auch das Essen in besseren Restaurants in Dollar abgerechnet. So richtig habe ich nie verstanden, warum ausgerechnet Länder, gegen die die USA seit Jahren Sanktionen verhängen, ausgerechnet den Dollar als quasi-offizielle Zweitwährung akzeptieren. Will man der westlichen Supermacht zeigen, dass sie die Einfuhr von allen möglichen Gütern verhindern kann, aber nicht die ihrer eigenen Währung? Oder ist es umgekehrt? Demonstrieren die Vereinigten Staaten damit, dass man nicht um sie herumkommt?

Jedenfalls hat der Dollar die sogenannten FECS, Foreign Exchange Certificates, komisch designte Scheine, deren Wert eins zu eins an den Dollar gekoppelt ist, fast vollständig ersetzt. Es geht in Myanmar nichts ohne Dollar. Dabei ist peinlich darauf zu achten, dass die Banknoten nagelneu, frei von Verschmutzungen, Stempeln, Flecken oder Knicken sind. Ansonsten werden sie nämlich einfach nicht akzeptiert oder nur zu einem so schlechten Kurs, dass man gleich versuchen kann, mit Altpapier zu zahlen. Sorgfältig bewahrt man die Dollarscheine daher in Umschlägen auf und behandelt sie als etwas Wertvolles, anstatt sie achtlos in die Hosentasche zu stopfen wie die Kyat, die manchmal dermaßen speckig sind, dass man kaum noch die Zahlen darauf lesen kann. Dass mit den Kyat-Scheinen so achtlos umgegangen wird, ist vielleicht auch eine Spätfolge des Ärgers, den die Burmesen immer wieder mit ihrer Währung hatten. Jahrelang plagte sie eine hohe Inflationsrate, der Höhepunkt der Geldentwertung war jedoch die schon erwähnte plötzliche und ersatzlose Entwertung fast aller bis dahin gültigen Kyat-Scheine durch den abergläubischen Diktator Ne Win im Jahr 1988 und die Einführung von Geldscheinen, die durch Ne Wins persönliche Glückszahl Neun teilbar waren. Als ich das erste Mal im Land war, waren diese Scheine noch im Umlauf und konnten einen in den Wahnsinn treiben. 45-Kyat-Scheine, 90-Kyat-Scheine – schließlich ist man ja im Einmalneun-Kopfrechnen meist nicht so fit. Heute sind diese Scheine beliebte Souvenirs und werden von Händlern zu einem Vielfachen ihres damaligen Nennwerts angeboten.

Geldtauschen war in Burma immer ein großes Geschäft, da der offizielle Wechselkurs von einem Dollar zu 6,55 Kyat eher ein Witz war. Auf dem Schwarzmarkt brachte ein Dollar zeitweise bis zu 1200 Kyat. Heute noch wird man um die Sule-Pagode herum oder im Bogyoke-Markt häufig von Geldwechslern angesprochen, die einem im Vorübergehen konspirativ »Change money, change money« zuzischeln. Ihr Kurs ist meist besser als der in Guesthouses und Hotels, die natürlich auch am Wechseln verdienen wollen. Von daher lohnt es sich zu vergleichen, allerdings muss man höllisch aufpassen, dass der Geldwechsler beim Abzählen nicht ein paar Scheine durch Taschenspielertricks verschwinden lässt.

Generell scheint das Vertrauen in die amerikanische Währung jedoch eher geschwunden. Heute bekommt man maximal um die 850 Kyat für einen Dollar – selbst auf dem Schwarzmarkt. Die neben den Geldautomaten zweite große Überraschung des Jahres 2012 war nämlich, dass der Kyat jetzt konvertierbar ist. Das heißt, man kann ihn ganz normal auf der Bank tauschen und zurücktauschen. Und das zu einem angemessenen Kurs, der sich allerdings nach der Größe der Dollarnoten richtet. Hundert-Dollar-Scheine bringen mehr als Zwanzig-Dollar-Scheine. Auch wenn ich bei der Bank vielleicht ein paar Kyat weniger bekomme: Mir persönlich sind die Geldwechsler zu mühsam. Ich gehe zur Bank. Hat man die Kyat erst einmal in der Tasche, ist die Umrechnung in Euro ganz simpel. Eintausend Kyat sind nämlich ziemlich genau ein Euro.

Teak-Paläste und fensterlose Löcher

Teak und noch mal Teak. Wo man hinblickt, farben-prächtige Seidenstoffe, hölzernes Kunsthandwerk und gemütliche Rattanmöbel, über denen sich Ventilato-ren drehen – so hat man sich das koloniale Luxusleben immer vorgestellt. Tatsächlich ist die Kipling Bar (wie sollte sie auch sonst heißen?) in der Governor's Residence der perfekte Ort für einen Absacker nach einem aufre-genden Tag in Yangon. Der Tag schüttelt die Hitze ab, die Schatten werden länger, und die Nachtluft trägt aus dem Garten den Duft von Frangipani und Jasmin her-ein – herrlich!

Das Hotel ist ganz dem Stil der Region verpflichtet. Das traditionelle Holzgebäude aus den 1920er Jahren, das früher als Gästehaus des Kayah-Staats diente, liegt inmit-ten eines üppig grünen Lotus-Gartens im eleganten Dip-lomatenviertel. Überdachte Veranden laden mit ihrem Blick auf die Gartenanlagen zum Verweilen und Ent-spannen ein. So sehr, dass man fast keine Lust mehr hat, diese angenehm luxuriöse Insel überhaupt zu verlassen. Viel lieber möchte man den ganzen Tag am Pool herum-lümmeln und sich von den Kellnern, die mit Kristallka-raffen unauffällig im Hintergrund stehen, einen Manda-lay Sour nach dem anderen einschenken lassen.

Das Hotel gehört zur Orient Express Gruppe, die ihre betuchten Gäste nach einem kurzen Zwischenstopp in Bagan meist auf dem ebenfalls zur Gruppe gehörenden Kreuzfahrtschiff *The Road to Mandalay* in Richtung Nor-den schippert, ab 2013 mit einem neuen kleinen Schiff sogar den bis dato gesperrten Chindwin River hinauf.

Die Governor's Residence ist zweifellos das stimmungs-vollste Hotel in Rangun und zankt sich mit dem ebenfalls legendären und noch ein wenig kostspieligeren Hotel The Strand um den Titel des besten Hauses am Platz. Welchem man den Vorzug gibt, ist eher Geschmackssache. Auch das 1901 erbaute Strand ist ein viktorianischer Traum in Teak mit Rattan, Marmor und Topfpalmen. Während man in der Governor's Residence eher eine Art Resort-Feeling hat, liegt das Strand mitten in der Stadt. Hollywood-Prominenz, Popstars und Royals waren hier schon zu Gast, trotzdem hat man als No-Name nicht das Gefühl, man sei unwillkommen, selbst wenn man sich nur die Galerie im Hinterhaus ansieht. Deren Exponate sind zwar, wie diejenigen im Souvenirshop in der ersten Etage, etwas überteuert, aber ansonsten sehr schön.

Das Strand sprengt zwar als Unterkunft das Budget des Durchschnittsreisenden, ein Business-Lunch oder der High Tea sind jedoch erschwinglich. Restaurant-Gästen in der Governor's Residence steht sogar der Pool zur Verfügung. Was beinahe noch wichtiger ist – sobald Sie in Burma sind, werden Sie das zu schätzen wissen: Beide Hotels verfügen in den öffentlichen Bereichen über exzellente und schnelle Internet-Verbindungen. Versuchen Sie mal, aus einem billigen Hotel online etwas zu überweisen oder eine Datei hochzuladen. Stromausfälle und schlechte Internet-Verbindungen sind nämlich ein Problem, mit dem man häufig in günstigen Hotels zu kämpfen hat. Wobei »günstig« relativ ist, in ganz Myanmar – man stelle sich das einmal vor – gab es nämlich bis vor Kurzem gerade mal gut achttausend Hotelzimmer, viel zu wenige, seit plötzlich alle Touristen dieser Welt dieses Land bereisen möchten. Und Angebot und Nachfrage bestimmen bekanntlich den Preis. Aus diesem Grunde musste die Regierung sogar ein Gesetz verabschieden, das (allerdings nur ausländisch geführten)

Hotels vorschrieb, einfache Zimmer zum Preis von unter zweihundert Dollar anzubieten. Nachdem das Sedona Hotel diese Anweisung ignorierte, wurde dem aus Singapur stammenden Hoteldirektor sogar vorübergehend die Aufenthaltsgenehmigung entzogen.

Bis Myanmar eine funktionierende Infrastruktur und genügend Hotelzimmer hat, um dem ungewohnten Ansturm Herr zu werden, werden vermutlich noch Jahre vergehen, doch die Lage hat sich schon jetzt deutlich entspannt. Eine Strategie sind Übergangslösungen. So liegen jetzt in Rangun nahe der Botataung-Pagode ebenso Hotelschiffe vor Anker wie in Mandalay am Ayeyarwaddy, und Guesthouses, in denen bislang nur Einheimische übernachten durften, werden upgegraded, was zwar den Zimmermangel etwas mildert, nicht immer jedoch zum Vorteil der Reisenden.

Neulich buchte ich über ein Hotelportal ein Einzelzimmer mit Fenster in Rangun. Schon die Erwähnung eines Fensters hätte mich stutzig machen sollen. Tatsächlich ist es so, dass gerade billige Hotels häufig fensterlose Verliese anbieten, die zudem von oben bis unten gekachelt oder nur durch dünne Sperrholzwände voneinander getrennt sind. Genau so etwas erwartete mich dann in Rangun – mit der Entschuldigung, man sei neu bei diesem Portal und habe gar keine Einzelzimmer mit Fenster. Der Versuch, diesen Fehler dem Hotelportal mitzuteilen, sei bisher an der schlechten Internet-Verbindung im Haus gescheitert. Daran scheiterte letztlich auch meine Beschwerde-Mail, die ich mir ganz fest vorgenommen hatte. Da ich schon vorher gezahlt hatte, zog ich mich mit Beschimpfungen in Gedanken – zu viel meckern darf man ja nicht wegen des drohenden Gesichtsverlusts – in die Dunkelkammer zurück. Es war angenehm kühl, und man hörte nichts vom Straßenverkehr. Ich schlief wunderbar.

Was lernen wir daraus? Wer aus touristisch gut erschlossenen Ländern wie Thailand kommt, muss sich eventuell erst einmal umstellen, zumal sich die Vermieter der Mängel meist gar nicht bewusst sind. Der Standard liegt im Auge des Betrachters. Für Myanmar ist ein eigenes Zimmer ohne Fenster schon sehr gepflegt. Wer einmal den zutiefst enttäuschten Blick eines burmesischen Guesthouse-Besitzers erlebt hat, weil man sein Schmuckstück so toll nicht findet, weiß, was ich meine. So es irgendwie zumutbar ist, nimmt man das Zimmer dann doch, weil die Besitzer so nett sind. Und es kann ja auch nicht schaden, die eigene Komfortzone mal zu verlassen.

In Rangun gibt es über die Stadt verteilt überraschend viele Vier- oder Fünf-Sterne-Hotels, wie die beiden oben erwähnten oder das Savoy und das ebenfalls schon genannte Sedona, gerade in der Gegend um die Schwedagon-Pagode aber auch nette mittelpreisige wie das Guest Care oder das Clover.

Downtown lassen sich viele Hotels die Lage bezahlen. Fast direkt an der Sule-Pagode findet sich mein Favorit, das modern designte East Hotel, zumal das Shangri La Hotel direkt gegenüber liegt. Letzteres bietet Ranguns bestes Frühstücksbüfett, eine gute Option, um den Tag mit vergleichsweise preiswertem Luxus zu beginnen, wenn man mit einem frühen Flug ankommt und das Zimmer noch nicht bezugsfertig ist oder einem das burmesische Frühstück nicht genügt.

Von modern-chinesischer Hässlichkeit ist das Panorama-Hotel; dafür hat es große Zimmer zu einem gutem Preis-Leistungs-Verhältnis und in den oberen Etagen sogar Blick auf die Schwedagon-Pagode.

Wer in die Backpacker-Boheme eintauchen möchte, tut das am besten im Motherland Inn 2. Das liegt zwar nicht direkt im Zentrum, bietet aber ansonsten alles, was man braucht, insbesondere wenn man bereit ist, ein bisschen Geld draufzulegen. Das Doppelzimmer mit Aircon kostet ungefähr die Hälfte eines Einzelzimmers in vielen anderen Hotels. Hauptsache, Sie lassen sich kein Zimmer im Erdgeschoss andrehen. Da klappert es wegen der benachbarten Küche und riecht aus unerfindlichen Gründen nach Leberwurst. Darauf angesprochen, meinte das Mädchen an der Rezeption, der Duft stamme von einem Raumspray. Schon klar. Das freundliche Personal hilft gern und kompetent beim Buchen von Bustickets oder Bootspassagen. Zudem gibt es zweimal täglich einen kostenlosen Airport-Shuttle-Service mit einem uralten Bus, der ein Erlebnis für sich ist.

Auch für das mangelnde Nachtleben Ranguns bietet das Motherland Inn 2 eine Alternative. Abends vor der Tür bei einem Bier bleibt man nicht lange allein und lernt erstaunlich viele Leute unterschiedlicher Altersgruppen und Nationalitäten kennen. Gerade bei Alleinreisenden ist das Motherland Inn 2 deshalb sehr beliebt.

In den anderen großen Touristenzentren sieht es ähnlich aus. Einem relativ großen Angebot von Vier- oder Fünf-Sterne-Hotels stehen vergleichsweise wenig gute und günstigere Herbergen gegenüber. Aufgrund der Zimmerknappheit empfiehlt es sich, wie schon erwähnt, rechtzeitig zu buchen. Andererseits kann man bei geringer Auslastung – und darauf kann man natürlich spekulieren – einen Preisnachlass aushandeln.

Guides – mit oder ohne?

Natürlich braucht man für die »Großen Vier« keinen Tour-Guide, da viele Leute zumindest etwas Englisch sprechen, und auch an weniger touristischen Orten kommt man durchaus ohne zurecht. Es ist letztlich eine Geschmacksfrage, ob man sich das Land allein erarbeiten will oder ob man auf die Erfahrungen und die Tipps eines Einheimischen zurückgreifen möchte. Am Geld wird es in den seltensten Fällen scheitern, denn üblicherweise kostet ein freier Guide zwischen zwanzig und dreißig Dollar pro Tag, über Agenturen allerdings auch mehr.

Meiner Erfahrung nach können Guides viele Türen öffnen, und man erfährt durch sie Dinge, von denen man sonst nichts hört oder sieht. Gerade wenn man allein oder zu zweit unterwegs ist, ist es nett, immer einen Ansprechpartner und Übersetzer dabeizuhaben. Ohne Guide verliert man oft auch viel Zeit mit dem Organisieren von Tickets oder Unterkünften, und viele Fragen kann ein Guide gleich vor Ort beantworten. Professionelle Guides kennen sich mit der Geschichte des Landes, der Sehenswürdigkeiten und auch des Buddhismus meist gut aus und sind schon von daher eine Bereicherung. Selbst wenn man einen Ort bereits kennt, kann er mit Guide und etwas mehr Hintergrundwissen wieder ganz anders wirken.

Wahlweise kann man einen Guide für eine ganze Reise buchen; häufig bringt er ein Auto mit ein, das man wie den Sprit natürlich extra zahlen muss. Das kann, wenn man zu zweit oder dritt reist, billiger sein als zu fliegen, ist aber zeitaufwendiger. Dafür kann man die Reise unterbrechen, wann immer man Lust hat. Die andere Möglichkeit ist, sich an jeder Station einen neuen Guide zu nehmen. Wenn man Glück hat, sind die Guides nette, interessante Menschen, die nicht nur Sehenswürdigkeiten zeigen, sondern von ihrem Leben, ihren Zukunftsplänen und ihren Ansichten über Politik und Gesellschaft erzählen.

Letztens war ich zwei Tage um Mandalay herum mit einem jungen Mann und seinem Moped unterwegs, der sich ausgebeten hatte, abends drei Stunden frei zu haben. Wie sich herausstellte, unterrichtet er in dieser Zeit Waisenkinder in Englisch, und der Besuch der Schule gehörte für mich zu den interessantesten Erlebnissen dieses Aufenthalts. In Rangun wiederum lernte ich eine fast achtzigjährige Dame kennen, die mich vor dem High Court ansprach und ihr perfektes Englisch noch zur Kolonialzeit gelernt hatte. Diese Frau konnte zu fast jedem Gebäude in Downtown eine Geschichte erzählen, und vor mir tat sich eine längst vergangene Welt auf.

Auch für Fototouren gibt es spezielle Guides. So war ich um eine schöne Illusion ärmer, nachdem ich einen jungen Mann aus Mandalay kennengelernt hatte, der mir verriet, dass die meisten berühmten Burma-Fotos, die man aus *National Geographic* und ähnlichen Magazinen kennt, gestellt sind. Notfalls treibt man halt Ochsenkarren oder Mönche im Morgengrauen über einen Bergrücken. Allerdings erklärt das auch, warum man selbst nie so perfekte Fotos schießt.

Damit sind wir bei dem allerdings auch einzigen Problem: Woher bekommt man einen zuverlässigen Guide? Und woran erkennt man ihn? Kontakt zu Guides wird über Hotels und Guesthouses hergestellt, man kann sie bei Agenturen oder Reisebüros buchen, oder man lernt sie auf der Straße kennen. Bekannt ist, dass die Guides, die Touristen vor dem Bogyoke-Markt ansprechen, Prozente von den Händlern bekommen, andererseits habe ich mit solchen Guides auch schon viel Geld gespart. Sie kennen Kassierer bei Sehenswürdigkeiten, sie kennen Abkürzungen, sie wissen, wo man Dinge günstiger bekommt.

Generell ist die Wahrscheinlichkeit, dass die Agentur, welche die Reise organisiert, oder das Hotel, in dem man sich wohlfühlt, einen Guide besorgt, der zu einem passt, ziemlich hoch. Noch besser sind Empfehlungen anderer Touristen, die gerade mit diesem Guide gereist sind. Bei einem Tour-Guide, den man ohne Empfehlung kennenlernt, weiß man natürlich nicht, ob er das, was er verspricht, auch hält, aber es spricht ja nichts dagegen, ihn einen Tag auszuprobieren und dann zu entscheiden, ob man seinen Urlaub mit ihm verbringen möchte.

Gerade bei längeren Reisen empfiehlt sich sowieso ein Vorgespräch, bei dem man den Guide unter anderem nach Vorschlägen fragen sollte. Meist weiß man dann schon nach wenigen Minuten, wie die sprachlichen Fähigkeiten sind und ob man auf einer Wellenlänge liegt. Letztlich zählt immer Sympathie.

Land der Latschen und der Longyis

Burma ist eines der wenigen Länder Asiens, dessen Bewohner noch ihre traditionelle Tracht im Alltag tragen. Der Gaungbaung der Männer, eine Art Turban mit abstehenden Lappen an der Seite, wird zwar nur noch zu offiziellen Anlässen wie Hochzeiten angelegt, doch dem Longyi begegnet man praktisch überall.

Der Longyi ist ein Wickelrock für Männer und Frauen und verleiht seinen Trägern automatisch eine natürliche Eleganz, da er übertriebenes Tempo und hektische Bewegungen gar nicht zulässt. Leider wird er, zumindest bei den Männern, immer mehr durch Hosen verdrängt. Herren, die im Longyi würdevoll und exotisch aussehen, werden durch Hosen zu staubigen Bewohnern der Dritten Welt degradiert.

Dabei ist der Longyi aus den verschiedensten Gründen ausgesprochen praktisch und bequem: Nach dem Essen kann man den Knoten lockern; der Longyi eignet sich als Sitzunterlage, unter die man seine Füße stecken kann, wenn man damit nicht auf andere Leute oder ein

Buddha-Bildnis zeigen will; man kann den Beinen Luft zufächeln; und Frauen ziehen ihn beim Baden einfach bis auf Brusthöhe hoch. Ist er schmutzig, kann man ihn wenden. Eng in der Taille geschnürt, man muss es erwähnen, macht der Longyi auch einen ziemlich sexy Hintern.

Während die meist karierten Longyis für Männer immer gedeckte Farben haben, kann es bei den Frauen schon mal flamboyant zugehen: Blumenmuster, chinesische Designs, sogar gefährliche Grafikmuster im Siebziger-Jahre-Stil sieht man gelegentlich. Für formelle Anlässe trägt man häufig das *acheik*-Motiv, ein traditionelles helles, buntes Wellenmuster aus alten königlichen Zeiten, das durch die Wellen des Ayeyarwady inspiriert worden sein soll.

Eigentlich ein quadratischer Stoffstreifen, wird der Longyi an der Seite zusammengenäht und so zu dem typischen Schlauch, Männer knoten ihn vor dem Bauch, Frauen wickeln ihn seitlich. Traditionell trägt die Frau dazu eine kurzärmlige Bluse, der Mann ein westliches Hemd oder eines mit kleinem Stehkragen, oft auch einfach nur ein T-Shirt.

An den Füßen trägt man zu fast jeder Gelegenheit lederne Latschen oder Gummi-Flipflops. Das ist sehr praktisch, zum einen wegen der Hitze, zum anderen, weil man die Schuhe ohnehin vor jedem Tempel und jeder Wohnung ausziehen muss. Allerdings rate ich von den ziemlich stylischen Leder- oder Samtzehensandalen der Burmesen ab. Vielleicht sind Burmesen einfach anders gebaut, oder es fehlt mir an der entscheidenden Stelle an Hornhaut: Bei mir führt das Tragen solcher Schuhe grundsätzlich zu Blasen, und manchmal fließt dann Blut.

Insbesondere Frauen und Kinder bestreichen ihr Gesicht gern mit *thanaka*-Paste, einer Mischung aus wohlriechender geriebener Baumrinde und etwas Wasser. Thanaka soll die Haut straffen und dient als Sonnenschutz. Wie in vielen Ländern Asiens ist Hellhäutigkeit in Burma ein Status- und Schönheitssymbol. Thanaka wird von den Burmesen auch als dekoratives Make-up genutzt. Die Männer haben meist zwei Punkte oder zwei Striche auf den Wangen oder einen dünnen Strich unter den Augen. Bei den älteren Frauen und den Kindern ist meist das ganze Gesicht eingecremt. Modisch wird die Thanaka-Paste bei Kindern, Mädchen und jungen Frauen aufgetragen, zum Teil in attraktiven Blattmustern. Thanaka kann man fertig gemahlen kaufen oder in Form von Rindenstücken mit einem Reibstein.

Inwieweit man sich als Tourist dem burmesischen Stil anpassen kann oder sollte, ist beim Longyi eine Glaubensfrage. Für Frauen ist er enorm praktisch, männliche Touristen machen sich im Longyi grundsätzlich lächerlich. Zumindest finde ich das, und auch die Burmesen amüsieren sich darüber prächtig; man denke im Gegenzug an Asiaten mit Lederhose und Gamsbart auf dem Oktoberfest. Oft genug habe ich ausländische Männer mit einem unförmigen Wulst um die Taille gesehen oder gar einem Gürtel, da sie den Knoten nicht beherrschen. Und wenn man auf den Saum tritt und unvermittelt unten ohne dasteht, kann das sehr peinlich sein.

Neben seinem Wert als Kleidungsstück ist der Longyi ein hervorragendes Souvenir und Geschenk. Näht man ihn nämlich nicht zusammen, eignet sich der Stoff für Kissen oder Tischdecken. Oder man zwingt den Beschenkten zu Hause, ihn anzuprobieren. Dann hat man selbst den Spaß.

Amarapura und Mandalay sind die Zentren der Stoffherstellung, aber auch Inle, der Rakhine- und der Mon-

Staat sind für ihre Seiden- und Baumwollstoffe berühmt. Der Besuch einer Fabrik, in der hochwertige Stoffe noch an altertümlichen Handwebstühlen entstehen, lohnt sich auf jeden Fall.

Die Stoffe und auch der Schmuck der Chin und Naga, die an der Grenze zu Indien leben, oder der Karen sind ebenfalls sehr dekorativ. Baumwolle und Flachs werden dort auf kleinen Handwebstühlen zu Schals, Decken und Kleidung verarbeitet, die mit Naturfarben wie Indigo gefärbt werden. Zwar sind die Wohngebiete der Chin teilweise noch Sperrgebiet, doch ihre kunstvollen Textilien bekommt man auch in der sehr empfehlenswerten Ethnographic Textile Gallery »Moyamay« im Obergeschoss des Bogyoke-Marktes in Rangun.

Abgesehen von falsch geknoteten oder lächerlich wirkenden Longyis gibt es an Touristen noch andere unpassende Kleidung. Für Frauen wie auch für Männer sind das kurze Hosen und kurze Röcke oder weit ausgeschnittene oder ärmellose T-Shirts – auch wenn der Rocksaum mittlerweile in Rangun schon fast auf Kniehöhe hochrutscht. Selbst wenn sich niemand kritisch über Ihre Kleidung äußern würde: Für Frauen ist es passender, lange Baumwollröcke oder Hosen zu tragen. Oder eben Longyis. An Pagoden werden Sie ohnehin gebeten, einen Longyi überzuziehen, falls Ihre Kleidung zu kurz sein sollte. Hier gilt knöchellang. Tempelanlagen in Burma sind nur barfuß zu betreten.

In erster Linie empfiehlt sich leichte Baumwollkleidung und eine Jacke für die stark klimatisierten Busse. Für Ausflüge in den Norden und auf das Hochplateau der Shan oder an den Inle-See sollte man auf jeden Fall einen Pullover und eine Windjacke mitnehmen. Es kann dort empfindlich kalt werden.

Ein enorm nützliches Accessoire ist ein Schirm, den die Einheimischen gern bei jedem Wetter mit sich tragen. Er schützt sowohl vor Regen als auch vor Sonne. Auch wenn man sich anfangs ziemlich lächerlich vorkommt, mit einem Sonnenschirm herumzulaufen – spätestens wenn die Sonne mit über vierzig Grad in den Ruinen von Bagan brennt, lernt man ihn schätzen. Der positive Nebeneffekt dabei: Die Einheimischen halten einen nicht für einen ganz so dummen Touristen. Mit einem Sonnenschirm ist man schon fast ein »local«.

Currys, Mohinga und zweifelhafte Genüsse

Überspitzt könnte man sagen, dass es gute Gründe hat, weshalb die Küche Burmas nicht so bekannt ist wie die seiner Nachbarländer. Sie ist weder so scharf, würzig und frisch wie Thai-Food noch so aromatisch und vielfältig wie die der Inder, und auch die Raffinesse chinesischer Gerichte fehlt ihr völlig. Es werden zwar die gleichen Gewürze verwendet wie anderswo in Asien, aber relativ sparsam. Dafür wirkt alles auf den ersten Blick ölig. Doch man tut der burmesischen Küche unrecht, wenn man sie als fad und fettig abstempelt. Einfach, gehaltvoll und rustikal trifft es vielleicht eher.

Obwohl man der Küche Burmas Einflüsse seiner Nachbarländer anmerkt, hat sie durchaus eine eigenständige Tradition. Die Grundlage ist Reis *(htamin)*, gern Klebreis, den man aufgrund seiner Konsistenz als Kugel rollen kann und mit der Hand isst, dazu gehören traditionell milde Currys *(tha-hin)* aus Gemüse und Gewürzen sowie Garnelen *(ba-zun)*, Huhn *(tschet)*, Fisch *(nga)*, Schwein *(we-tha)*, Rind *(ameh-da)* oder Hammel. Zu jedem Curry gibt es außer Reis eine Schale mit Gemüse und eine Suppe (klare oder Linsensuppe), oft noch frischen Salat mit Zwiebeln und Chilis. Die Currys werden auf Ölbasis zubereitet, deshalb der Eindruck des Fettigen.

Für die Verwendung von Öl sprechen zwei Gründe: Es dient zum einen als Geschmacksträger, zum anderen konserviert es, und Kühlschränke sind nicht überall eine Selbstverständlichkeit. Gerade in Garküchen werden die Currys nicht immer frisch zubereitet, sondern bereits am Morgen. Unter einer schützenden Ölschicht überstehen die Gerichte die Hitze und den Staub bis zum Abend. Das ist nicht immer appetitlich, aber zweckmäßig. Trotzdem habe ich vor Streetfood in Burma mehr Respekt als in Thailand oder Vietnam, wo man alles problemlos essen kann. Ich setze mich zum Essen lieber in ein Restaurant oder eines der Teehäuser. Dort werden oft auch kleine Snacks wie Samosas und Chapatis gereicht.

Die Currys unterscheiden sich in den einzelnen Regionen. Beispielsweise sind sie im Rakhine-Staat, wo das Essen eher an die Thai-Küche erinnert, deutlich schärfer als im Rest des Landes.

Man isst in Burma an kleinen runden Tischen und sitzt dabei entweder auf flachen Hockern oder auf Matten am Boden. Die Speisen werden, wie in Asien üblich, alle auf einmal serviert, meist in kleinen Portionen, die westliche Speisefolge ist unbekannt. Da die Speisen bereits mundgerecht zerkleinert sind, isst man mit Gabel und Löffel – im Rakhine-Staat auch mit Stäbchen –, Suppen mit einem tiefen chinesischen Löffel. Wenn Sie in einem typisch burmesischen Restaurant essen, wundern Sie sich nicht, wenn mehr serviert wird, als Sie essen können. Die Reste werden nicht etwa weggeworfen, sondern den Armen gegeben.

Burma ist zwar ein armes Land, doch auf den fruchtbaren Böden gedeihen dank unterschiedlicher Temperaturzonen reichlich Gemüse wie Bohnen, Kohl, Blumenkohl, Möhren, Kartoffeln, Mais, Gurken, Auberginen, Paprika, Pilze, Tapioka, Tomaten, Zucchini, Zwiebeln, Erbsen und Sojabohnen sowie köstliche Tropenfrüchte wie Orangen, Mangos, Wassermelonen, Avocados, Limonen, Zimtäpfel, Jackfrüchte, Ananas, Pfirsiche, Rambutans, Pomelos, Papayas, Limonen, Bananen, Kokosnüsse sowie die Durian, die wegen ihres unangenehmen Geruchs bei Europäern eher Übelkeit als Genuss hervorruft. Lassen Sie sich davon nicht täuschen. Die Durian gilt nicht umsonst als »Königin der Früchte«. Die stachlige Frucht wird meist in einzelnen weißlichen Segmenten angeboten und hat ein ganz eigenes Aroma, das an Vanillepudding mit Käse erinnert. Probieren lohnt sich.

Beim Fleisch sind Hühnchen und Hammel beliebt. Da es in Burma kaum Viehwirtschaft gibt, kommen Rindfleisch, Milch und Milchprodukte nur zu besonderen Anlässen auf den Tisch.

Seen und Flüsse Burmas liefern frischen Fisch, Seefische und Meeresfrüchte gibt es allerdings nur an der Küste. Ein typisch burmesisches Gewürz, das in kaum einer Mahlzeit fehlen darf, ist *ngapi,* eine Paste aus getrocknetem Fisch oder getrockneten Garnelen. Die bekannteste Spezialität ist Mohinga, eine dicke Suppe aus Fisch und Nudeln, die schon zum Frühstück gegessen wird. Hier das Rezept, das variiert werden kann, da es ohnehin kaum schriftlich fixierte Rezepte gibt.

Zutaten für sechs Personen:
3 Esslöffel Öl
3 Zwiebeln

4 zerdrückte Knoblauchzehen
ca. 3 cm Ingwer
1 Stängel Zitronengras
1 Teelöffel Chili-Pulver
1 Teelöffel Kurkuma
1,5 Liter Wasser
90 ml Fischsauce
450 g Fisch
450 g breite Reisnudeln
Mehl zum Andicken
Limettensaft auf Wunsch

Zubereitung:
Öl in einem Topf erhitzen. Eine gewürfelte Zwiebel, Knoblauch, kleingeschnittenen Ingwer und Zitronengras auf mittlerer Hitze darin anbraten, Chilipulver und Kurkuma hinzufügen. Dann das Mehl mit etwas Wasser glatt rühren und zusammen mit dem Wasser und der Fischsauce in den Topf geben. Die anderen Zwiebeln vierteln und ebenfalls zufügen. Die Suppe gut durchrühren, salzen und pfeffern. Wenn die Flüssigkeit merklich dicker wird, auf reduzierter Hitze zwanzig Minuten köcheln lassen. Den Fisch (Lachs, Catfish, Pangasius – alles ist möglich) in kleine Stücke schneiden, salzen und pfeffern und der Suppe hinzufügen, gut umrühren und weitere zehn Minuten köcheln lassen.

Diese Suppe wird zu den vorgekochten Nudeln gegeben. Abschmecken kann man zusätzlich mit Limettensaft. Die Beilagen wie knusprige Bohnenchips und frische Kräuter werden in kleinen Schälchen serviert, von denen sich jeder Gast selbst bedienen kann.

Eine andere sehr beliebte Suppe ist die Ohn Noh Khaut Seuh, eine aromatische Kokos-Nudelsuppe, die von Burmesen gern zum Frühstück gegessen wird. Für Ausländer ist sie eher ein deftiges Hauptgericht, nach dem man dringend eine Siesta braucht. Besonders schmackhaft sind auch frische Salate, zum Beispiel aus Pomelofrüchten mit Huhn oder Garnelen oder aus jungen Tamarindenblättern, verfeinert mit gemahlenen Erdnüssen, und auch der typische Salat aus gebratenen Auberginen mit Sesam und Koriander ist sehr lecker.

Eine Delikatesse, an der sich die Geister scheiden, ist *laphet,* ein Salat aus eingelegten fermentierten Teeblättern. »Von allen Früchten ist die Mango die beste«, behauptet ein Sprichwort, »von allen Blättern Laphet.«

Die ersten zarten Teeblätter der Saison, genannt *natthitywet* (Blätter für die Götter), werden vor dem ersten Regen der Saison gepflückt und kurz gedämpft. Dann werden sie in Bambusbottichen in Gruben gesetzt, die Gärung wird regelmäßig überprüft. Nach etwa einem halben Jahr ist der Laphet fertig.

Laphet wird traditionell in einer flachen Lackdose mit kleinen Fächern serviert. Die Teeblätter liegen in einem zentralen Fach, umgeben von anderen Zutaten wie knusprig gebratenem Knoblauch, Erbsen, Erdnüssen, Sesam, zerdrückten getrockneten Garnelen, Ingwer und gebratenen Kokosraspeln. Gereicht wird Laphet gern zu besonderen Anlässen oder Zeremonien. Studenten, die sich auf Prüfungen vorbereiten, schätzen besonders die stimulierende Wirkung. Ich persönlich finde, die Teeblätter schmecken wie in Essig eingelegtes Gras.

Wer durch die Downtown Ranguns flaniert, entdeckt manchmal gewöhnungsbedürftige Dinge wie Stände, die als einzige Spezialität gekochte Hühnerfüße oder gegrillte meerschweinchenartige Nagetiere anbieten, angeblich sind es Bambusratten. Oder gegrillte Schweineschnauzen. Die Dinger sehen eher aus wie speckige Masken, die man sich aufsetzen kann, als wie etwas zum Essen. Der Genuss liegt eben im Geschmack des Konsumenten. Das gilt im Besonderen für zwei typisch burmesische Genussmittel: Cheroots und Betel.

Cheroot-Zigarren findet man eher auf dem Land als in der Stadt, dort sind sie jedoch ausgesprochen beliebt. Glücklicherweise haben die Leute dort meist offene Häuser oder Hütten, durch deren Öffnungen und Ritzen der penetrant stinkende Rauch abziehen kann. Oft sind es ältere Menschen, die sich genüsslich mit dem Rauch einnebeln und die Asche in ein Töpfchen abklopfen, das sie beim Rauchen der Zigarre mitführen, um Brände zu vermeiden, wenn die Glut zu Boden fällt.

Die bis zu zwanzig Zentimeter langen Kolben bestehen aus Cheroot-Blättern, dem Holz des Baumes und einer je nach Hersteller variierenden geheimen Mischung von Zusätzen wie Nüssen, Tamarindensaft, Palmzucker und Bananen. Das Ganze wird in ein Deckblatt des Cheroot-Baumes gerollt, den Filter bildet ein Maisblatt.

Was die wahre Leidenschaft der Burmesen ist, weiß man eigentlich schon, wenn man ein Museum besucht. Neben Liegen und Diwanen sieht man hier jede Menge aufwendig verzierte Lackschachteln, deren Zweck sich dem westlichen Besucher nicht auf Anhieb erschließt. Es sind Betelboxen. Der Genuss der Betelnuss ist in Burma traditionell beliebter als der Konsum von Alkohol, Zigaretten oder Cheroot. Überall, auf dem Land und in der Stadt, werden an Betelständen auf dem Markt oder an Straßenecken Betelprieme angeboten.

Ein paar Stücke der zerhackten Betelnuss, eigentlich der Kern einer Palmfrucht, werden in das Blatt des Betelpfeffers eingewickelt und mit flüssigem, gelöschtem Kalk bestrichen. Um den unangenehm bitteren Geschmack zu überdecken, werden Gewürze hinzugefügt, je nach Wunsch des Käufers Kautabak, Kardamom, Ingwer, Muskatnuss, Minze oder Lakritze, um nur einige zu nennen.

Die Wirkung vergleichen Betelkauer mit der von starkem Kaffee oder einem Schnaps. Die physische und geistige Leistungsfähigkeit werde gefördert und Ermüdung verhindert. Auch eine aphrodisierende Wirkung wird der Betelnuss nachgesagt. Der Betelpriem wird zu allen möglichen Gelegenheiten gekaut, ob nach einer Mahlzeit, bei religiösen Festen, während des Autofahrens oder bei Versammlungen, und wird oft stundenlang im Mund gelassen. Betelkauer sehen manchmal aus, als hätten sie eine dicke Backe oder würden wiederkäuen. Außerdem riechen sie scharf und chemisch aus dem Mund.

Der auffälligste Effekt ist jedoch blutroter Speichel. Wenn ein Betelkauer aufgrund des erhöhten Speichelflusses in Abständen ausspuckt und wegen der roten Färbung seines Mundraums und der Zähne wähnt man sich in einem Zombiefilm. Der unschöne Anblick ist auch der Grund, warum in der heutigen Zeit viele Burmesen, vor allem Frauen und Besserverdienende, auf Betel verzichten. Dass die Droge den Zähnen schadet, sieht man an den rot gefärbten Zahnstummeln, mit denen Betelkauer einen freundlich und leicht bedröhnt anlächeln. Mit den Jahren des Genusses werden Zähne und Zahnfleisch angegriffen, auch Mundhöhlenkrebs ist dank Betel in Burma eine häufige Todesursache.

Trotz drohender Schäden – zumindest einmal wollte ich Betel probieren. Nach kurzem Zögern schob ich das weiche Blatt mit den Nussstückchen und dem Kalk in den Mund und begann kräftig zu kauen, bis ich das Knirschen der Nuss zwischen den Zähnen spürte. Nach spätestens fünf Sekunden verspürte ich das dringende Bedürfnis auszuspucken, mein Mund war komplett gefüllt mit Speichel. Angeekelt ging ich in eine Seitengasse und hinterließ einen riesigen roten Fleck. Nur ein paar Sekunden später begann mein Mund sich schon wieder zu füllen. So ging es ungefähr eine Viertelstunde, dann ließ die Wirkung langsam nach. Sonst habe ich kaum etwas gespürt. Ich war viel zu beschäftigt mit dem bitteren Nachgeschmack und meinem Mundinhalt. Meine Zunge sah aus wie ein Blutschwamm, und bis meine Zähne wieder halbwegs normal aussahen, dauerte es zwei Tage. Sollte ich jemals wieder zu Drogen greifen, wird es ganz bestimmt nicht Betel sein.

Burmesisch für Anfänger

Das Schönste an der burmesischen Sprache ist für den westlichen Ausländer ihr optisches Erscheinungsbild. Die Schrift, die vorwiegend aus Kreisen und Kreissegmenten besteht, sieht aus, als hätten sich moderne Grafikdesigner verdammt viel Mühe damit gegeben. Ebenso gut hätten sie eine Tapete gestalten können, und so sollten Sie die Schriftsprache auch behandeln: wie ein Muster, das hübsch anzusehen ist.

Der Ursprung dieser Schrift liegt – wie jener der thailändischen und der laotischen – in Südindien. Das Alphabet besteht aus 44 Zeichen: 32 Konsonanten, acht Vokalen und vier Diphthongen. Es gibt wiederkehrende Zeichenfolgen wie Ortsnamen, die man mit der Zeit irgendwie zuordnen kann, aber das Verständnis bewegt sich auf ähnlichem Level wie das Erkennen eines Vogels in der ägyptischen Hieroglyphenschrift. Bei gesprochenem Burmesisch sieht es nur unwesentlich besser aus.

In der Transkription kann man sich grob daran halten, dass die Buchstaben »ky« wie »tsch« wie bei der Währung

Kyat (»Tschat«) ausgesprochen werden, »gy« wie »dsch« beim englischen Namen Jane, der Rest ebenfalls mit englischer Betonung. Ein »i« wird zu »ei« und so weiter.

Burmesisch ist eine Tonsprache. Wie bei anderen Sprachen Südostasiens ist die Bedeutung der Worte vom Ton abhängig. Das schließt nicht nur die Tonhöhe ein, sondern auch Lautstärke, Dauer und Vokalqualität (lang oder kurz). Konsonanten stehen nur am Anfang einer Silbe. Die Vokale werden offen, nasal und kurz gesprochen. Vokale und Konsonanten müssen also richtig ausgesprochen werden, im Zweifelsfall stammelt der wohlmeinende Ausländer etwas völlig Sinnloses. Wenn man es unbedingt probieren möchte, sollte man sich die Worte von Einheimischen vorsprechen lassen.

Das Einzige, was ich mir wirklich merken kann, ist die Silbe »shwe«, die in allen möglichen Bezeichnungen und Namen vorkommt. »Shwe« ist das burmesische Wort für Gold. Shwe-Dagon ist damit »Das Gold von Dagon«. Dagon ist der ehemalige Name und heute ein Stadtteil von Rangun, in dem die Schwedagon-Pagode steht. Reisebüros, Restaurants, Läden – in Burma ist alles Shwe. Achten Sie mal darauf.

Die Schwierigkeiten mit der Aussprache sollten Sie jedoch nicht davon abhalten, sich ein paar Worte anzueignen.

»Mingalaba« – die burmesische Begrüßung – klingt ein wenig wie die Zauberformel Abrakadabra, und tatsächlich zaubert man den Einheimischen damit schnell ein Lächeln auf das Gesicht. Richtig eingestiegen in die Sprache sind Sie mit »Dschaesubeh« für »Danke«; mit der Höflichkeitsformel »Dschaesudebadeh«, »Recht vielen Dank!«, sind Sie ganz weit vorn – eine Leistung, die Ihre Gastgeber erfreut registrieren werden.

Sich zu verständigen ist aber im Allgemeinen kein großes Problem. Als Erbe der britischen Kolonialherrschaft können die Bewohner Myanmars, die mit Touristen in Kontakt kommen, ohnehin vergleichsweise gut Englisch.

Ich spreche hier ausdrücklich nicht von den »Burmesen«, sondern von den Bewohnern Myanmars. Schließlich hat jede der über hundert Minoritäten ihre eigene Sprache oder ihren eigenen Dialekt, Burmesisch ist für sie nur eine Amtssprache.

Hier ein paar hilfreiche Worte:

Guten Tag / Abend / Nacht	mingala bá
Wie geht es Ihnen?	nei kaun: ye la
Sehr gut, danke.	nei kaun: ba de
Es freut mich, Sie zu sehen.	twei. ya. da. wan: tha ba de
Ich gehe jetzt.	thwa: lai' pa oun: me
Ich bin bald zurück.	makya gin pyan la me
Bis später.	hsoun gya. thai: da paw.
Auf Wiedersehen.	thwa: bi
Viel Glück.	ahsin pyei ba ze
Ja	in:
Nein	hin. in
Nein (ist es nicht)	hin. in: ma hou' phu
Okay / In Ordnung / Abgemacht	kaun: bi
Vielen Dank.	kyei: zu: tin ba de:
Gern geschehen.	kyo zo ba de:
Bitte kommen Sie rein.	win ge. Ba
Entschuldigen Sie bitte.	sei' mashi. ba ne
Sie sind so freundlich.	a: na zaya gyi:
Macht nichts, es ist in Ordnung.	kei' sa mashi ba bu:
Lecker	a yar thar shi tel

Me N Ma Girls go Hollywood – und Side Effect Goethe-Institut

Am Ende des Weges seien zwei Tore, ein hölzernes und eines aus Metall. An dem metallenen solle ich rufen, irgendjemand würde mich dann schon einlassen, hatte mir die Managerin geschrieben.

Klar, denke ich, als ich die schmale Straße hinaufgehe und die beiden Anwesen hinter ihren Zäunen erblicke. Hinter dem Metalltor mit Ornamenten aus glänzendem Edelstahl, da müssen die Me N Ma Girls sein. Das andere Haus sieht viel zu konventionell aus, dieses wie die Kulisse eines Miami-Hip-Hop-Musikvideos aus den 1990ern: eine zweistöckige Villa mit tropischem Garten und Pool. Durch eine offen stehende Tür kann man zwei muskulöse junge Männer mit freiem Oberkörper sehen, die auf einen Sandsack eindreschen. So stellt man sich die Welt der Popmusik vor, auch in Burma.

Einer der Männer wischt sich den Schweiß mit einem Handtuch ab und führt mich hinein. Die Mädchen seien auf dem Weg, ob ich etwas trinken wolle. Ganz Popstars schon oder nur die übliche Verspätung der Busse in Rangun?, frage ich mich, aber dann kommt Htike die Treppe herunter, die Kleidung ganz westlich mit Hose in Animal Print und ärmellosem Oberteil. Ich erinnere mich, dass sie in einem Interview erzählt hat, dass sie in traditioneller Kleidung zu Proben oder Auftritten fahren muss und sich dann umzieht, und plötzlich tat sie mir leid. Pop ist nicht einfach in Burma.

Es gibt ein paar populäre Bands, deren Tapes und CDs in Guesthouses und Bierbars gespielt werden, und einen kleinen Punk-Underground, das meiste Geld wird jedoch mit Coverversionen westlicher Hits gemacht, die einfach mit völlig anderem Text neu eingespielt werden, vorgetragen von leicht fülligen jungen Frauen, die sehr hellhäutig sind – das Schönheitsideal in Burma.

»Man hat uns gesagt, das kann nichts werden mit uns, weil wir nicht hübsch genug seien«, erzählt Htike, »wir sind zu dünn und zu braun. Und außerdem wollen wir unsere eigenen Stücke singen.«

Die Me N Ma Girls, ein Wortspiel von »Myanmar Girls« und »Me and My Girls«, kämpfen mit konservativen Eltern, der Zensurbehörde und einer Öffentlichkeit, die es alle empörend finden, dass die Mädchen in so knappen Outfits auf der Bühne stehen. Hervorgegangen aus einem Casting ihrer australischen Managerin Nicole May, suchten sie sich einen Produzenten und wurden zuerst als »Tiger Girls« vermarktet – mit, wie sollte es anders sein, Coverversionen. Das gefiel den Mädchen aber nicht. Man trennte sich, und die Girls brachten ihr erstes eigenes Album heraus.

»Willkommen in Myanmar«, singen sie dort, »wir wollen sein genau wie alle anderen Mädchen auf der Welt.«

Die Musik klingt nach R'n'B mit Rap-Einlage, nicht besonders neu, möchte man meinen, doch eine reine

Girl-Band ist in Myanmar, wo die Musikszene von Männern dominiert wird, eine kleine Revolution. Schließlich sind unverheiratete Frauen, die auf Tour mit männlichen Bandmitgliedern unterwegs sind, immer noch ein Tabu. Dabei haben alle fünf Mitglieder der Me N Ma Girls einen College-Abschluss, und zwar in Fächern wie Chemie, Zoologie, Mathematik, Russisch und Informatik.

Die Me N Ma Girls veröffentlichten das erste Album unter ihrem neuen Namen im Dezember 2011 und wurden mit einer Reihe von Konzerten schnell zu Teenageridolen.

Es sind die Auftritte, an den sie verdienen; CDs und DVDs verkaufen sie nur wenige, und das Internet ist zu langsam, um sich dort Video-Clips anzusehen.

Während Popstars in anderen Ländern von Paparazzi verfolgt werden, haben die Me N Ma Girls ganz andere Probleme: geeignete Auftrittsorte zu finden, Zensoren, die ihnen farbige Perücken als unsittlich verbieten, oder dass der Strom beim Konzert nicht ausfällt.

Nach und nach treffen die restlichen vier Mädchen ein, ganz zum Schluss Ah Moon mit ihrem Puppengesicht, winzig und in modisch durchlöcherten Destroyed-Jeans. Sie zieht einen Schmollmund und lässt sich zwischen die anderen auf die Couch fallen. Ganz klar, sie ist der Star und Htike die Chefin, das merkt man gleich. Von den anderen ist eine sehr schön und etwas still, eine lustig und die dritte schüchtern. Es ist die alte Geschichte der Supremes, Spice Girls, Destiny's Child und wie sie alle heißen, ein paar hübsche Mädchen mit verteilten Rollen, die hoch hinauswollen, nur diesmal in Burma. Es ist irgendwie süß.

»Wir leben zwei verschiedene Leben«, erzählt Ah Moon, die Tochter eines Baptistenpredigers. »Wir tun auf der Bühne, was wir wollen, und dann gehen wir nach Hause zu unseren Eltern.«

Geld ist ein anderes Problem, auch als Popstars sind die Mädchen knapp bei Kasse. Wai Khaing Hnins Mutter verdient ihren Lebensunterhalt mit dem Verkauf von Schweinefleischsalat auf der Straße. Und trotz ihres neuen Ruhms können sich die Mädchen manchmal kaum den Bus leisten, um zu ihren Auftritten zu kommen. Lalrin Kimi, die unter dem Künstlernamen Kimmy auftritt, wuchs in einem Bergdorf im Kachin-Staat nahe der Grenze zu Indien auf und lebt heute mit ihren Geschwistern in Rangun. Auch Ah Moon kommt aus dieser Gegend. Trotz ihrer unterschiedlichen Herkunft sehen sich die fünf in erster Linie als Vertreterinnen einer neuen Generation, die mit den alten Ressentiments der verschiedenen Volksgruppen nichts mehr anfangen kann. Was sie für die Zukunft planen, erklärt Htike.

»Bevor die Regierung ihre Politik änderte, konnten wir nur Liebeslieder und traurige Songs singen. Aber jetzt interessieren sich die Leute für Demokratie und Politik. Jetzt dürfen wir auch darüber singen. Wir haben jetzt Meinungsfreiheit.«

Ah Moon hat schon einen Song für das neue Album geschrieben. Er heißt »Come Back Home« und ist ein Aufruf an Millionen Exil-Burmesen, in ihr Heimatland zurückzukehren. Die Mädchen selbst träumen von einer Karriere in Asiens Pop-Mekka Südkorea oder in Amerika. Und dies könnte nicht länger nur ein Traum bleiben.

»Wir verkörpern das neue Myanmar, und unsere Band steht im Rampenlicht der internationalen Medien«, erzählt Ah Moon, »vielleicht haben wir die Chance, unser nächstes Album in Los Angeles aufzunehmen. Und wenn wir keinen Erfolg dort haben, was soll's? Dann kommen wir zurück.«

Sie verschränkt die Arme und macht wieder ihren Schmollmund. Sie übertreibt ein bisschen, denke ich und nicke. Ein paar Wochen später bekomme ich eine Mail, dass sämtliche Interviewanfragen künftig über eine amerikanische Plattenfirma laufen. »Me N Ma Girls go Hollywood« titelt die *Myanmar Times* einen Tag später.

Ein ganz anderes Kaliber ist die Indie-Rock-Band Side Effect, die im Ausland inzwischen bekannter ist als in Burma selbst. Ich hatte die Jungs bereits in einem Fernsehfilm über Ranguns Punkszene (»Yangon Calling«) gesehen, wäre aber nie auf die Idee gekommen, die lebendigen und gut gelaunten Musiker mit den depressiven Gestalten des Films in Verbindung zu bringen, der einen seinerzeit im Westen sehr beliebten verquälten Grundton hatte, wonach geknechtete Burmesen keine Zukunft haben. Geschuldet war dieser Ton meist den Medien. Vor dem politischen Richtungswechsel war es praktisch unmöglich, Geschichten zu verkaufen, in denen Burmesen vorkamen, die nicht ganz schrecklich litten. Ich habe es nie so empfunden, die Burmesen, die ich kannte, waren trotz allem immer optimistisch – Diktatur hin oder her.

Musikalisch orientieren sich Side Effect nicht wie die My N Ma Girls an internationalem Pop, sondern eher an Bands wie den Strokes oder White Stripes. Ich habe mich mit Frontmann Darko, der eine angenehm kräftige Stimme hat, und seiner Frau in einer Bar in der 19th Street verabredet. Beide wirken überhaupt nicht, als hätten sie ihre Jugend in einem streng abgeschotteten Land verbracht. Darko spricht ausgezeichnet Englisch und könnte ebenso gut aus London oder Berlin kommen. Er ist auf erstaunliche Art kosmopolitisch und würde in keiner internationalen Großstadt als Exot auffallen.

Dabei hat die Band Burma bislang erst einmal für einen Auftritt in Bali verlassen, und im eigenen Land gibt es für ihre Art von Musik kaum Publikum. Es existieren vielleicht eine Handvoll Underground-Bars in Rangun mit Auftrittsmöglichkeiten für Bands, in anderen Städten gibt es gar nichts.

Das Geld, um die Unkosten der meist unbezahlten Auftritte von Side Effect zu tragen, deren Mitglieder ganz idealistisch glauben, ein Publikum werde sich mit der weiteren Verbreitung ihrer Musik und dem Anschluss Burmas an die internationale Musikszene schon finden, erwirtschaftet eine Schneiderei, die Darkos Frau, die gleichzeitig Managerin der Band ist, betreibt. Dass die Band auf Einladung des Goethe-Instituts als erste burmesische Rockband Auftritte in Deutschland haben sollte, nutzte ich zur Bestellung von diversen äußerst günstigen Maßhemden, die ich mir nach Berlin mitbringen lasse. Das ist Globalisierung.

Am Oktobervollmond treffen wir uns mit Freunden der Band abends in der Nähe der Botataung-Pagode am Hafen. Wenn es keine geeigneten Clubs gibt, feiert man eben unter freiem Himmel. Hunderte von jungen Leuten werfen anlässlich des Lichterfests vor den aufgestapelten Containern Feuerwerkskörper, trinken Bier aus dem Kofferraum oder rasen mit Autos am Wasser entlang. Rauchschwaden ziehen durch die Gegend, es sieht ein bisschen aus wie Krieg. Oder wie Punk. In Burma wäre man dafür vor ein paar Jahren noch verhaftet worden.

»Liebe Buddha, fürchte die Nats«

»Mingalaba!«, so wird man in Burma begrüßt. Wörtlich übersetzt heißt das: »Möge Segen über dich kommen!«

Etwas Segen für unterwegs kann ja nie schaden, und in Burma gibt es genug weise und gottesfürchtige Männer, die ihn spenden können. Mönche sind hier allgegenwärtig und eine moralische Instanz, die sogar in das politische Geschehen eingreift.

Der sogenannten Safran-Revolution von 2007 gaben Mönche, die in ihren traditionellen Gewändern die Demonstrationen gegen die Regierung anführten, ihren Namen. Richtig hingesehen hatten die westlichen Medien allerdings nicht. Mönche tragen nämlich meistens Rotbraun. Grund der Aufstände war die Aufhebung von Subventionen für Benzin und Reis, durch die sich die Lebensumstände der Bevölkerung rapide verschlechterten. Wohl auch im Vertrauen auf ihren unangreifbaren Status bildeten Mönche rasch die Speerspitze der Bewegung und weigerten sich, Almosen von Militärangehörigen anzunehmen. Bei der blutigen Niederschlagung der Proteste wurden sie zu Hunderten verhaftet und im Gefängnis sogar gefoltert. Interessanterweise war einer der Vorwürfe gegen die Demonstranten, den von der Regierung erarbeiteten »Fahrplan zur Demokratie« zu sabotieren. Einige prominente Mönche wurden erst im Jahr 2012 aus der Haft entlassen.

In keinem anderen Land ist der Alltag so eng mit dem Buddhismus verbunden wie in Burma. Über eine halbe Million Menschen leben als Mönch oder Nonne, von allen Bevölkerungsschichten durch großzügige Spenden unterstützt. Im Morgengrauen kann man sie durch Städte und Dörfer ziehen sehen. Mönche dürfen nur einmal am Tag essen, und nur vor elf Uhr. Meist stehen die Dorfbewohner mit den Tempelglocken oder den lauten Gebeten und Gesängen auf, die schon frühmorgens aus Lautsprechern erschallen, um Reis und andere Essensspenden zu kochen. Die Speisung der Mönche ist in großen Klöstern ein gern gesehenes Spektakel für Touristen, die bei der Essensausgabe auch selbst Hand anlegen dürfen oder gleich die Mahlzeit spenden. Die Gabe wird mit beiden Händen überreicht, und mit Dank ist nicht zu rechen. Vielmehr müssen die Spender dankbar sein, dass ihre Gaben angenommen werden. Mit Wohltätigkeit kann man nämlich Verdienste für das nächste Leben erwerben, weshalb reiche oder einflussreiche Leute oft ganze Klöster oder Pagoden erbauen lassen. Wer über weniger Einkommen verfügt, belegt Buddha-Statuen mit Blattgold oder spendet Blumen und Kerzen.

Der Buddhismus ist in Burma so etwas wie eine Staatsreligion, fast neunzig Prozent der Burmesen sind Buddhisten, die meisten von ihnen bekennen sich zur Theravada-Schule. Der Theravada ist die älteste Tradition des Buddhismus und wird hauptsächlich in Sri Lanka,

Burma, Thailand, Kambodscha und Laos praktiziert. Er stammt von den ersten Mönchen ab, die die Reden von Buddha noch selbst gehört haben. Die Betonung liegt im Theravada auf der Befreiung des Individuums durch sich selbst. Jeder muss die Erleuchtung aus eigener Kraft anstreben, weshalb im Theravada nur ein einziger Bodhisattva – Buddha Maitreya – bekannt ist. In der Mahayana-Schule hingegen nehmen Bodhisvattas eine zentrale Rolle ein. Bodhisvattas sind Menschen, die bereits erleuchtet sind und als sterblich auf der Erde bleiben, um allen anderen bei ihrem Weg zur Erleuchtung zu helfen. Diese Form des Buddhismus ist in Tibet, China, Japan und Korea verbreitet.

Frauen sind bei der konservativen Auslegung des Buddhismus, dem Theravada, als anerkannte Nonnen übrigens nicht zugelassen. Ihnen ist nur eine Leben als »Rosa Nonnen« möglich, das sie jedoch nicht zu einem Teil des Klerus macht, sondern lediglich zu frommen Laien-Frauen, die sich unter anderem dem Zölibat verpflichten und auch nicht das Recht haben, Zeremonien durchzuführen. Ohne den Buddhismus jetzt im Detail erklären zu wollen, hier die Grundsätze des buddhistischen Glaubensbekenntnisses:

Nach der buddhistischen Lehre häuft jedes Lebewesen in seinem Lebenszyklus durch sein Verhalten gutes oder schlechtes Karma an, eine Art metaphysisches Konto, das sich im Plus oder Minus bewegt. Dieser Kontostand bestimmt, in welcher Form man wieder auf die Erde kommt – als Mensch, himmlisches Wesen, Dämon oder Tier. Für einen Buddhisten ist es das höchste Ziel, diesen Kreislauf der Wiedergeburten, genannt Samsara, zu durchbrechen und dadurch den Zustand Nirwana (Nibbana) zu erreichen: eine ganz neue Seinsweise.

Der Buddhismus kennt vier edle Weisheiten:
1. Leben ist Leiden. Niemand kann immer nur glücklich, zufrieden und gesund sein.
2. Die Ursache für dieses Leiden ist Begehren.
3. Sobald man nicht mehr begehrt, gibt es kein Leid mehr.
4. Das Mittel zur Befreiung vom Leiden ist der Edle achtfache Pfad.

Der Edle achtfache Pfad umfasst
1. rechte Anschauung,
2. rechtes Wollen für sich und andere Lebewesen,
3. rechtes Reden durch Meidung von Lügen, Geschwätz und übler Nachrede,
4. rechtes Handeln,
5. rechtes Leben durch sittliches Verhalten,
6. rechtes Streben,
7. rechtes Gedenken,
8. rechte Sammlung des Geistes durch Meditation.

Die fünf Gebote des Buddhismus lauten:
1. Töte kein Lebewesen.
2. Nimm nicht, was dir nicht gehört.
3. Sprich nicht die Unwahrheit.
4. Trinke keine berauschenden Getränke.
5. Sei nicht unkeusch.

Generell wird von jedem Mann erwartet, zwei Mal im Leben »Robe und Schüssel« zu nehmen, das heißt, vorübergehend einem Kloster beizutreten, das erste Mal als Novize im Alter zwischen zehn und zwanzig, und ein weiteres Mal im Alter über zwanzig. Mönche sind generell mit Respekt zu behandeln, Frauen ist die Berührung strikt verboten. Sollte ein Mönch aus Versehen eine Frau berühren, so muss er sich einem komplizierten Reinigungsritual unterziehen.

In Bezug auf religiöse und sittliche Befindlichkeiten sollten Sie folgende Regeln beachten:

- Tragen Sie keine Schuhe innerhalb eines Tempelgeländes, in dem sich Buddha-Statuen oder -Bildnisse befinden. Ziehen Sie Ihre Schuhe ebenfalls aus, bevor Sie private Häuser oder Wohnungen betreten. Meist lässt man die Schuhe am Eingang, an manchen Pagoden gibt es auch Plastiktüten, damit Sie die Schuhe mitnehmen können.
- Der Kopf ist ein heiliger Körperteil. Deshalb sollte man Burmesen nie an den Kopf fassen.
- Füße sind die niedrigsten Körperteile und sollten daher niemals jemandem entgegengestreckt oder dazu verwendet werden, um etwas zu zeigen. Das gilt besonders für Buddha-Statuen.
- Korrekte Kleidung ist in einem Tempel ein Muss. Das heißt: bedeckte Schultern und Röcke oder Shorts, die mehr als knielang sind. Manchmal werden Tücher verliehen, um die Blößen zu bedecken.
- Verhalten Sie sich unauffällig und leise.
- Frauen dürfen Mönche nicht berühren, sich nicht neben sie setzen und sich nicht mit ihnen fotografieren lassen.
- Respektloses Verhalten gegenüber einem Buddha-Bildnis ist ein Verbrechen. Dazu gehört das Klettern auf Statuen ebenso wie sich über eine religiöse Abbildung lustig zu machen.
- Offiziell ist ein Kauf von Buddha-Bildnissen und ihre Ausfuhr für Nicht-Buddhisten verboten. Inoffiziell hält sich niemand daran, solange die Statuen oder Bilder

nicht misshandelt werden. Dazu gehört auch, sie in dreckige Wäsche einzuwickeln.

Buddha-Bildnisse sind übrigens nie Abbilder des menschlichen Buddhas, sondern sollen an die Lehre erinnern. Im Lauf der Zeit haben sich Regeln entwickelt, nach denen der Erleuchtete dargestellt wird. Spezielle Körpermerkmale, Kleidung, Körper (Asana)- und Hand-Haltungen (Mudra), alles ist genau festgelegt.

Die bekannteste Darstellung ist die Buddhas im Lotussitz beim Meditieren. Bei manchen Darstellungen sieht man eine Nagaschlange über ihm. Sie schützt ihn während der Meditation vor Regen, wozu sie ihre fünf Häupter fächerartig ausbreitet. Die Nagaschlange ist ein halbgöttliches Wesen aus der indischen Mythologie. Diese Haltung hat drei verschiedene Bezeichnungen in Europa: Diamantsitz, Lotussitz und Meditationssitz. Eine liegende Figur, mit einer Hand den Kopf stützend, zeigt Buddha beim Übergang ins Nirwana. Eine solche Figur im Haus aufzustellen ist eine zweischneidige Sache. Angeblich geht der Besitzer dann bald in Rente.

Der stehende Buddha zähmt den wilden Elefanten seiner Feinde, der ihn vernichten sollte.

Eine schreitende Figur symbolisiert Buddhas Rückkehr zur Erde, nachdem er in den Himmel aufgestiegen ist, um seiner Mutter seine Lehre zu verkünden.

Dazu kommen die verschiedenen Mudras. Sind bei einer stehenden oder schreitenden Figur zum Beispiel die rechte oder auch beide Hände erhoben, bedeutet das »Die Angst vertreiben« (Abhaya mudra) und symbolisiert Schutzverheißung und Furchtlosigkeit. Ist eine Hand (oder seltener sind beide Hände) erhoben und formen Zeigefinger und Daumen einen Kreis, ist das »Die Geste der Unterweisung« als Symbol des Lehrens und Erklärens.

Die Arten der buddhistischen Heiligtümer sind für Laien ziemlich verwirrend. Ist dieses spitze Bauwerk, das unten manchmal rund, manchmal eckig ist oder auch erst das eine, dann das andere, nun ein Zedi oder Chedi, ein Stupa oder gar ein Schrein oder Tempel? Und was sind Payas oder Pagoden?

Wer einmal anfängt, sich mit buddhistischer Sakralarchitektur zu befassen, kommt schnell ins Schwimmen und nennt alles erst mal Tempel, allerdings kennt bei uns heute vermutlich auch kaum jemand den Unterschied zwischen einer Kirche, einer Kapelle und einem Dom.

Ein Tempel ist die größte Einheit, ein religiöser Gebäudekomplex, in dessen Zentrum sich ein oder mehrere Buddha-Bildnisse befinden können und ein oder mehrere Stupas.

Der – auf Deutsch meist *die* – Stupa, in Burma auch Zedi genannt, war ursprünglich ein Grabhügel, später enthielt er eine Reliquie Buddhas oder eines herausragenden Mönchs, gern Haare, Zähne oder eine Art Perlen aus der Asche eines Meisters. Diese Reliquien wurden immer wieder aufgeteilt, sodass es sich damit nicht viel anders verhält als wie mit dem angeblichen Fingerknöchelchen der heiligen Sowieso, das in irgendeiner katholischen Kirche verehrt wird. Gleichzeitig entwickelte sich die Zahl der Stupas im Lauf der Jahrhunderte derart inflationsartig, dass die Mehrheit der Stupas, wie wir sie heute sehen, nur mehr Kopien von solchen sind, die vielleicht ehemals Reliquien enthalten haben mögen. Die *Bild*-Zeitung hatte übrigens zum Thema Reliquienverehrung einst meine absolute Lieblingsschlagzeile: »Der Papst verschenkt ein Leichenteil«.

Eine Stupa hat im Gegensatz zum Pahto, einem Tempel, den man innen begehen kann, eine massive Bauweise und besteht meistens aus Ziegeln mit einem kleinen Reliquienfach. Man kann sie nicht betreten, egal wie groß sie ist. Sie dient nur als Erinnerungsstätte.

Formal handelt sich um eine meist kuppelförmige Struktur auf einem mehrfach gestuften quadratischen oder achteckigen Unterbau. Die Spitze wird gekrönt von einem Schirm, dem Hti, der aus drei Teilen mit einer Kugel als Abschluss besteht, welche die Erleuchtung symbolisiert. Häufig ist dieser Schirm mit Juwelen besetzt. Die Stupa wird von Buddhisten rituell im Uhrzeigersinn umkreist.

Als Pagode bezeichnet man eine einzeln stehende Stupa, eine Paya ist eigentlich eine allgemeine heilige Stätte, Paya ist also nie falsch. Häufig sagt man in Burma Paya statt Pagode. Taxifahrer, die nicht ganz so helle sind, sind verwirrt, wenn man verlangt, zur »Schwedagon-Pagode« gefahren zu werden, und bekommen einen erleuchteten Blick, wenn man sie nach der »Schwedagon Paya« fragt. Eine Weiterentwicklung der Stupa ist die chinesische Pagode, ein turmartiges Gebäude mit geschwungenen Dächern und begehbaren Geschossen, wie man es auch in Vietnam, Korea und Japan kennt. Oder in München aus dem Englischen Garten.

Besuchern, die sich näher mit dem Buddhismus befassen wollen, stehen verschiedene Klöster in Burma offen. Der Tagesablauf ist dabei mit verschiedenen Meditationen streng durchstrukturiert und beginnt in der Regel morgens um halb vier. Erforderlich für das bis zu drei Monate gültige Meditationsvisum ist eine Einladung des Klosters oder der Universität, an der man die Lehre des Buddhismus studiert. Informationen findet man auf der Website www.retreat-infos.de.

Das Pantheon der Geister

Ein faszinierendes Phänomen in Burma ist die Verehrung der Nats, eine Art Geister, die ihren Ursprung vermutlich in einer animistischen Naturreligion aus vorbuddhistischer Zeit haben. In animistischen Weltanschauungen besteht der Kosmos aus einer materiellen und einer geistartigen Welt, wobei Letztere als etwas Natürliches und nicht als Übernatürliches angesehen wird. Beide bestehen gleichzeitig, und alles Natürliche ist von Geistwesen bewohnt. Anstatt die Nats auszugrenzen, haben sich die buddhistischen Autoritäten mit ihnen arrangiert. Buddha wird als Vorbild und Lehrer verehrt, kann jedoch nicht hilfreich in das Leben des Einzelnen eingreifen oder dessen Wünsche erfüllen. Diese Aufgabe übernehmen die Nats. Sie werden in der Tuyin-Taung-Pagode auf dem Geisterberg Taung Kalat verehrt (s. das Kapitel »Bagan«, S. 138 ff.), aber ebenso in kleinen Dorfschreinen.

Es gibt niedere und höhere Nats, gutartige und böse, sie können nützlich und hilfreich sein – sofern man sie achtet und verehrt – oder den Menschen schaden. Nats sind nicht unsterblich wie etwa griechische Götter, sondern haben nur eine ungleich längere Lebensspanne als Menschen. Viele von ihnen besitzen übernatürliche Kräfte, manche sind als Hausgeister ortsgebunden, andere nicht. Und viele von ihnen waren einmal Menschen, die meist eines gewaltsamen Todes starben, häufig Angehörige von Königshäusern. Nats sind eine Daseinsform im buddhistischen Kreislauf der Wiedergeburten. Wie als Mensch oder Tier, so kann man auch als Nat wiedergeboren werden. Buddha selbst war in verschiedenen Inkarnationen ebenfalls ein Nat, bevor er Buddha wurde, was den Buddhismus und den Nat-Glauben auf praktische Art vereint.

Die Tuyin-Taung-Pagode ist nur die Wohnstätte der 37 höheren Nats, für die unzähligen niederen war dort vermutlich einfach kein Platz mehr.

»König der Nats« ist Thagyamin, ursprünglich gleichzusetzen mit dem Hindu-Gott Indra, der – wieder sehr praktisch – laut buddhistischer Mythologie Buddha seine Ehrerbietung erwiesen hatte.

Hoch verehrt werden auch Min Gyi und Min Lay: Zwillingsbrüder, welche die Lieblingspagen von König Anawrahta waren; beide wurden hingerichtet, weil sie nicht wie befohlen Steine zum Bau einer Pagode beigetragen hatten. Sie gehören zu den wichtigsten und mächtigsten Nats. Ihnen ist das berühmte Nat-Festival von Taungbyone gewidmet.

Black Magic Woman

Dass die Burmesen nicht so friedfertig, sanft und vom Buddhismus durchdrungen sind, wie wir Ausländer gern glauben möchten, sollte uns spätestens nach dem Studium der von Kriegen geprägten Vergangenheit des Landes und der blutigen Lebensgeschichten der 37 Nats klar sein. Um in dieses Pantheon der Geister aufzusteigen, ist es zwingend erforderlich, zu Lebzeiten berühmt zu sein und eines gewaltsamen Todes zu sterben. Das ist übrigens einer der Gründe, warum seit geraumer Zeit gefordert wird, auch dem verehrten General Aung San den Status eines Nats zu verleihen und ihn damit endgültig in die halbgöttliche Sphäre zu entrücken.

Auch im Alltag spielt die Welt des Geistartigen und des Übernatürlichen eine bedeutende Rolle. Das fängt beim Wochentag der Geburt an und geht über astrologische Berechnungen, die für jedes wichtige Ereignis angestellt werden, bis zur Überzeugung, dass so ziemlich alles ein Zeichen oder Omen sein könnte. Astrologie, Handlesen und Wahrsagerei sind in Burma äußerst populär, gerade auch bei den Machthabern, die spätestens dann, wenn ihr Status gefährdet scheint, bei den Astrologen Rat suchen. Die meisten der burmesischen Generäle kommen aus einfachen Verhältnissen, wo man weniger auf Experten hört als auf Astrologen.

Die Maßnahmen, die man nach einer negativen Prognose einleiten sollte, sind unter dem Begriff *yadaya* bekannt, und natürlich weiß der Astrologe, wie man Unglück abwendet oder das Glück dazu animiert, noch ein bisschen zu verweilen, wie man eine Beförderung bekommt oder einen Partner.

So wird auch die ungewöhnliche Kleiderwahl des Staatschefs, General Than Shwe, und einiger Minister, die zum Unabhängigkeitstag im Jahr 2011 in Longyis mit typisch weiblichem *acheik*-Muster erschienen, als Versuch gewertet, durch *yadaya* den verderblichen Einfluss von Aung San Suu Kyi zu neutralisieren. Genützt hat es ihnen nichts.

Bei Streitigkeiten ist es von Vorteil, seinem Gegner entsprechend zu schaden. Im Endeffekt agieren die Magier wie Anwälte mit Fluch und Gegenfluch. Wer den besseren Magier hat, hat die bessere Ausgangsposition. Praktisch ist es natürlich, wenn der Gegner gar keinen Magier hat und, weil er zum Beispiel in Deutschland lebt, auch gar nicht auf die Idee kommt, dass sein Unglück etwas mit einem Fluch zu tun haben könnte. Davon konnte ich mit ziemlicher Sicherheit ausgehen, als ich mich entschloss, einem alten Schuldner auf magische Weise beizukommen.

Um eine lange Geschichte kurz zu machen: Da der Mann, der mir Geld schuldete, Privatinsolvenz angemeldet hatte, hatten mir Anwälte von einer Zivilklage gegen ihn abgeraten, da bei ihm sowieso nichts zu holen sei und ich auch noch auf den vorzustreckenden Gerichtskosten sitzen bleiben würde. Diese himmelschreiende Ungerechtigkeit des deutschen Rechtssystems nagte an mir.

»Ein typischer Fall für *yadaya*«, meinte eine Freundin in Rangun. »Der wird seines Lebens nicht mehr froh. Dafür sorgen wir.«

Sie selbst war einer ehemaligen Angestellten, die in ihrem Büro Geld gestohlen und Unterlagen vernichtet hatte, auf die Schliche gekommen. Die Frau war untergetaucht, aber tatsächlich nur wenige Tage nach einem *yadaya*-Ritual in Rangun verhaftet worden.

»Ich will ihn hinter Gittern sehen«, zischte ich rachsüchtig, relativierte dann allerdings, da schlechte Wünsche gegenüber anderen einem selbst Unglück bringen können. »Ich will mein Geld, und wenn nicht, dann soll er eine gerechte Strafe bekommen.«

Gesagt, getan. Wenige Tage später fand ich mich im Büro meiner Freundin zur Vorbesprechung mit der Astrologin ein, die vom Hausmädchen der Freundin empfohlen worden war und mit ihren Beschwörungen angeblich sogar Menschen töten konnte. Bereits im Vorfeld hatte man mich angewiesen, Fotos des Delinquenten zu besorgen, was gar nicht so einfach war, schließlich führte ich so etwas nicht mit mir, schon gar nicht in Asien. Wer will schon an Leute erinnert werden, mit denen man nichts mehr zu tun haben will? Am Ende ließ ich mir Fotos aus Deutschland mailen und druckte sie in verschiedenen Größen aus. Die Reaktion der Astrologin auf die Bilder war erschütternd.

»Der hat kein Geld«, sagte sie nach einem kurzen Blick auf die Fotos und zog die Augenbrauen zusammen. Dann betastete sie die Bilder, ungefähr so, wie man einen Camembert auf seine Reife prüft. »Und anderswo hat er auch Schulden. Er weicht dir schon seit Langem aus.«

Das konnte sie nicht wissen, allerdings hatte sie vollkommen recht mit ihrer Diagnose, und meine anfängliche Skepsis wich einer vorsichtigen Hochachtung. So viel Hellsichtigkeit hatte ich der kleinen, rundlichen Frau nicht zugetraut. Sie trug einen Longyi mit einer Art Pucci-Muster aus den 1970er Jahren, Thanaka auf Gesicht und Armen und sah aus wie eine freundliche Hausfrau. In einer rosa Plastikmappe hatte sie ein paar Tabellen und einen Stift mitgebracht.

Eifrig machte sie sich Notizen. Besonders das Geburtsdatum des zu Verfluchenden und der Wochentag seiner Geburt waren ihr wichtig, die herauszubekommen auch gar nicht so einfach gewesen war.

»Soll er sterben?«, fragte meine Freundin, die übersetzte, sensationslüstern. Ich verzichtete auf die Höchststrafe, man weiß ja nie, wie schlecht das für das Karma wäre, und letztlich einigten wir uns darauf, dass mein Schuldner binnen einer festgesetzten Frist mit mir Kontakt aufnehmen solle. Die Astrologin war durch Handauflegen auf das Foto zu der Überzeugung gelangt, dass er reiche Freunde oder Verwandte hätte, die ihm Geld leihen konnten, was wahrscheinlich gar nicht so weit hergeholt war. Zumindest einen Teil des Geldes würde ich wiederbekommen, versprach sie. Sollte er dem Drang, sich bei mir zu melden, jedoch nicht folgen, würde er etwas mit dem Kopf kriegen. Sie machte eine Geste, die alles zwischen Migräne und Hirntumor bedeuten konnte, und meine Stimmung stieg.

Dann einigten wir uns auf einen Geldbetrag, der ungefähr dreimal so hoch lag wie der, den meine Freundin für die Verhaftung ihrer ehemaligen Angestellten ausgegeben hatte. Das Argument: Diese sei in Burma, mein Schuldner in Deutschland. Der Preis steige mit der Entfernung, Europa sei komplizierter. Ich stellte mir die Frau wie einen Sender vor, der seine Reichweite erhöhen musste, und stimmte zu. Rasende Kopfschmerzen! Japanische Enzephalitis! Aneurysma!

Jetzt hieß es warten, nämlich bis zum Wochentag der Geburt des Verfluchten, an dem wir gemeinsam am frühen Morgen die Schwedagon-Pagode besuchen würden.

»Warum am Morgen?«, erkundigte ich mich neugierig.

»Weil wir Regenzeit haben. Nachmittags regnet es.«

Am Samstag erschien die Astrologin mit einer Kerze, die aussah wie ein riesiger Dildo, den man mit Butterbrotpapier umwickelt und mit allerlei Formeln bekritzelt hatte, am Treffpunkt, dem Haus meiner Freundin.

»Meine war viel kleiner«, sagte meine Freundin neidisch und übersetzte, dass in die Kerze Fotos, Talismane und Teile Glück bringender Pflanzen eingearbeitet seien. Was mich allerdings irritierte, war der Buchstabe K, der an mehreren Stellen der Kerze als wichtiger Mittelbuchstabe des Vornamens auftauchte. In dem Namen Michael kam meines Wissens kein einziges K vor.

»Mei-Kel,« stöhnte meine Freundin, als hätte sie es mit einem magischen Trottel zu tun. »Die Frau ist schließlich Magierin und keine Fremdsprachensekretärin. Hier schreibt man das halt Mi-k-el. Mit K in der Mitte!«

Nachdem geklärt war, dass der Fluch nicht an einem Rechtschreibfehler scheitern würde, setzten wir uns in ein Taxi. Da die Astrologin und das Hausmädchen des

Englischen nur sehr begrenzt mächtig waren, fuhren wir schweigend Richtung Schwedagon. Würde ich mit diesem Ritual meine Seele der schwarzen Magie verschreiben? Zumindest aus der Literatur weiß man ja, wie so was endet. Würde ich mir Vorwürfe machen, wenn meinem Schuldner etwas zustieße, auch wenn das vielleicht gar nichts mit *yadaya* zu tun hatte?

Aufgrund eines hohen buddhistischen Feiertages pilgerten Hunderte von Gläubigen im Uhrzeigersinn über die marmorne Plattform zu Füßen der Stupa, und als die Astrologin ein zusammengerolltes Foto entzündete, mit dem ich die Riesenkerze in Brand setzte, hatte ich plötzlich das unangenehme Gefühl, dass jeder genau wusste, was ich hier tat. Allerdings waren mir auch nie zuvor die zahlreichen ungewöhnlich geformten Kerzen aufgefallen. Meine war eindeutig die größte. Ein Mann nickte mir respektvoll zu.

Die Flammen fraßen sich durch die beschriftete Papierhülle, und ich sagte einen Spruch auf, den man mir auf einen Zettel geschrieben hatte. Wachs tropfte, und durch die eingeschlossenen Pflanzenteile nahm die Kerze eine Form an, die mit etwas Phantasie etwas Menschliches hatte. Eine menschliche Fackel.

»In der Hölle sollst du schmoren«, murmelte ich und setzte mich mit meinen Begleiterinnen auf die Stufen einer Gebetshalle, denn natürlich musste ich warten, bis die Kerze abgebrannt war. Aufgrund ihrer puren Größe dauerte das allerdings ewig, zumindest kam es mir so vor, und immer wieder versperrten andere Gläubige den Blick auf das Werk der Flammen. Außerdem zogen schwarze Wolken auf.

»Sie sollten lieber meditieren«, sagte plötzlich ein alter Mönch in rostbrauner Kutte, der sich hinter mich gesetzt hatte. Er sprach perfekt Englisch. Mit seinem kahlen, faltigen Kopf und dem blutroten Betelschlund hätte er einen guten Mephisto abgegeben. Meine Begleiterinnen schien er zu irritieren, denn sie zogen sich in Richtung Kerze zurück. Die Mächte der Finsternis scheuen den wahren Glauben, dachte ich. Nach einer kurzen Einführung in die burmesische Zahlensymbolik sagte der Mönch mithilfe meines Geburtsdatums voraus, dass es mir im Alter finanziell gut gehen werde. Immerhin etwas.

Inzwischen war die Kerze abgebrannt, nur ein kleines Aschehäufchen erinnerte noch an den magischen Mahnbescheid.

Nachdem ich anschließend neunmal ein Buddha-Bildnis gewaschen hatte, kamen wir zu dem Teil unseres Besuchs, der den beiden Burmesinnen am meisten Spaß zu machen schien. Die Astrologin ließ von einem Fotografen, der normalerweise Touristen vor der Pagode knipste, mehrere Fotos anfertigen. Sie zeigen mich mit zwei freundlich lächelnden Damen mittleren Alters, und auf einmal durchzuckte mich ein Verdacht. Würden meine Putzfrau und ihre beste Freundin nicht auch für viel Geld ein Voodoo-Ritual mit der heiligen Jungfrau Maria durchführen, wenn irgendein dummer Ausländer das von ihnen verlangte? Wenigstens hatte man mir schon vorher versichert, dass ich an die Wirkung nicht glauben müsse. Funktionieren täte es trotzdem.

»Don't work, money back?«, fragte ich, nun doch etwas misstrauisch.

»Three month«, nickte die Astrologin ungerührt. »No work, money back.«

Noch hat sie ein paar Tage Zeit.

Rangun/Yangon

Rangun ist mit fast fünf Millionen Einwohnern Burmas größte Stadt und die unangefochtene Metropole. Hauptstadt ist sie allerdings nicht mehr. Was die Regierung sich dabei gedacht hat, das administrative Zentrum des Landes im Jahr 2005 in die rasch hochgezogene Retortenstadt Naypidaw zu verlegen, ist immer noch nicht klar. Angeblich ließ Angst vor einer bevorstehenden Invasion der Amerikaner die neue Hauptstadt entstehen, andere Beobachter suchten die Schuld wieder einmal bei den Astrologen. Schließlich hatten die Amerikaner damals andere Probleme, und ein Ort im Dschungel lässt sich einfacher bombardieren als eine Millionenstadt. Jedenfalls war die Regierung nach dem überhasteten Umzug zeitweise nicht einmal telefonisch zu erreichen. Heute sind die ausländischen Vertretungen in Rangun immer noch größer als die in Naypidaw.

Dabei hat das Verlegen des Regierungssitzes in Burma durchaus Tradition. Auch Rangun, was übersetzt »Ende des Zwists« bedeutet, stieg erst nach der Eroberung von

Mandalay im Jahr 1885 während der britischen Kolonialzeit zur Hauptstadt auf. Was Kultur und Wirtschaft anbetrifft, wird sie es wohl bis auf Weiteres bleiben. Und eigentlich schadet die Abwesenheit der Politiker und Generäle der Stadt keineswegs. Eher hat man das Gefühl, dass weniger Militär und Polizeikräfte auf den Straßen zu sehen sind und sich die Atmosphäre entspannt hat.

Wie relaxed Burma inzwischen ist, bemerkt man schon am Flughafen. Während die Einfuhr von Mobiltelefonen früher streng untersagt war und später durch absurde Preise reglementiert wurde, kann heute jeder gegen Vorlage eines Reisepasses für zwei Dollar am Tag eine SIM-Karte leihen – der Kauf ist immer noch relativ teuer. Übrigens würde ich die Kartenmiete in jedem Fall empfehlen, da die Telefone, die statt Telefonzellen mitten auf der Straße auf kleinen Tischchen vor den Läden stehen, sehr unpraktisch sind. Roaming aus dem Ausland funktioniert nicht.

Auch der Wechselkurs fremder Währungen (nur Dollar und Euro) ist am Flughafen nicht mehr unbedingt schlechter als in der Stadt. Man kann also gleich hier tauschen.

So gerüstet kann man die etwa halbstündige Fahrt in die Stadt antreten. Im Flughafengebäude selbst wird man ganz sicher von Taxifahrern angesprochen werden, draußen vor der Tür kostet die Fahrt nur die Hälfte. Viele Hotels und Guesthouses, auch die günstigen, lassen ihre Gäste abholen.

Wenn man aus einer der chronisch verstopften und von Smog geplagten Mega-Citys in Südostasien kommt und nach Rangun hineinfährt, wird man überrascht sein, wie großzügig und grün die Stadt mit ihren breiten Alleen und alten Bäumen angelegt ist. Zwar wurde ein Teil des

Baumbestandes bei dem verheerenden Zyklon Nargis im Jahr 2008 zerstört, doch Rangun wird seinem historischen Ruf als »Gartenstadt Asiens« immer noch gerecht. Ein überwältigender Anblick ist das erste Auftauchen der Schwedagon-Pagode am Horizont, die wie eine riesige goldene Kuppel über der Stadt thront. Schließlich gibt es heute kaum noch eine Großstadt, deren Skyline nicht von Hochhäusern, sondern von religiöser Architektur dominiert wird. Dieses Bauwerk ist wie kein anderes das Wahrzeichen der Stadt, ihr größtes buddhistisches Heiligtum und übrigens schon seit dem frühen zwanzigsten Jahrhundert Treffpunkt für politische Aktivitäten und die Unabhängigkeitsbewegung.

Für mich war Rangun schon zu Zeiten der Diktatur die schönste Stadt Asiens. Die morbide, verfallene Pracht dieser Stadt, die ohne Werbung für westliche Produkte auskam, ebenso ohne eine funktionierende Straßenbeleuchtung, Nachtleben und Touristenmassen, hatte eine Aura, die man nirgendwo anders finden konnte.

Der melancholische Schleier der Vergänglichkeit, der über den verfallenden Kolonialbauten und den wenigen Shoppingmalls lag, ist inzwischen einer Aufbruchsstimmung gewichen, die sich nicht nur in Leuchtreklamen und der frischen Farbe manifestiert, die überall den bröckelnden Putz übertüncht. Überall spürt man die Hoffnung auf eine neue Zeit, und die Menschen wirken wie aufgewacht. Rangun rüstet sich für die Zukunft, doch immer noch scheint die Stadt ein Geheimnis zu haben, einen doppelten Boden, von dem man nur ahnt, was sich darunter abspielt.

Vielleicht liegt es daran, dass die Militärs in der Vergangenheit nach einer Phase der Liberalisierung immer wieder einen Rückzieher gemacht haben, dass man dem

Frieden nicht traut, oder auch daran, dass die Expats, die man hier trifft, immer noch herrlich dubios sind und auf die Frage, was sie denn hier machen, von nicht näher spezifizierten »Geschäften« sprechen.

Die Zeit der Abenteurer und Glücksritter neigt sich aber scheinbar dem Ende zu. Ich hatte letztens die Gelegenheit, an einem Empfang für eine deutsche Wirtschaftsdelegation teilzunehmen, der in der Residenz des deutschen Botschafters stattfand, einem Anwesen mit dem Charme eines Mittelklasse-Hotels in der Nähe des Inya-Sees. Etwas desorientiert wirkende Herren von Konzernen wie Siemens und Evonik (was machen die eigentlich?) verteilten nervös Visitenkarten, dazu wurden totfrittierte Frühlingsrollen, Fingerfood-Pizza und ein wässriger Wein gereicht, der für das Weinland Deutschland gewiss keine Reklame war. Was sie in Burma suchten, wussten die Herren anscheinend nicht so genau, das Ganze hatte mehr den Charakter eines Schnupperkurses für Kapitalisten nach dem Motto: Irgendetwas muss sich doch finden, womit man hier Geld machen kann. Schließlich liegt der Durchschnittsverdienst bei sechzig Dollar monatlich.

»Die Burmesen werden am meisten davon haben«, meinte eine Bekannte, die seit Jahren in Burma Geschäfte macht. »Man sollte sie nicht unterschätzen.«

Dieses Gefühl des Undurchschaubaren und der Fremdheit ist es, was Rangun für Außenstehende so spannend macht. Lebendig und dynamisch, verschwitzt, tropisch und voller Geschichte, ist Rangun nicht nur das Tor zu einem faszinierenden Land, sondern vielleicht seine größte Attraktion. In jedem Fall sollte man der Stadt ein paar Tage Zeit geben und sie nicht nur als Durchgangsstation für andere Ziele in Burma nutzen.

Die Orientierung in der Innenstadt ist denkbar einfach. Ausgehend von der Sule-Pagode sind die Straßen wie ein Schachbrett angeordnet und in Nord-Süd-Richtung durchnummeriert, während die großen Querstraßen englische oder burmesische Namen tragen. Die Innenstadt, genannt Downtown, wird im Norden von der Bahnlinie begrenzt und im Süden durch den Rangun River. Für alles, was außerhalb liegt, nimmt man besser ein Taxi. Nicht etwa weil es gefährlich wäre, sondern aus Bequemlichkeit. Auch in den armen Außenbezirken Ranguns kann man sich problemlos bewegen, Rangun ist eine der sichersten Städte Asiens. Kriminalität gegenüber Touristen kommt in ganz Burma kaum vor, maximal wird man beim Tauschen von Geld auf dem Schwarzmarkt übers Ohr gehauen.

»Das sind die Vorteile einer Militärdiktatur«, witzelte einer meiner Guides vor zwei Jahren. »Wenn ich dir deine Kamera klaue und erwischt werde, komme ich sieben Jahre ins Gefängnis.«

Hoffentlich bleibt das so.

Rangun ist eine Stadt der Dämmerung. Zur Dämmerung ist das Licht nicht nur an der Schwedagon-Pagode am schönsten. Die betriebsamen Straßen von Downtown wirken weicher, wenn der Himmel rosa und orange leuchtet und der Staub zu Schatten wird. Das Abendlicht mischt sich mit dem Blinken bunter Glühbirnen aus Restaurants und Geschäften, die Betelkauer mit ihren blutrot verschmierten Mündern sehen aus wie gutmütige Zombies, man isst, trinkt und palavert, und mit einem Mal ist alles vorbei. Die Nacht bricht plötzlich herein in der Nähe des Äquators. Rangun hat zwar inzwischen einige Bars und Clubs, aber kein nennenswertes Nachtleben. Zwei, drei Stunden nach Einbruch der Dunkelheit sind die mobilen Teestuben und Garküchen der Einheimischen abgebaut und die Straßen wie ausgestorben, nur Chinatown ist etwas länger wach. Allerdings entwickelt sich ganz aktuell in der 19th Street so etwas wie eine Ausgehmeile. Da sie abends für Autos gesperrt ist, stellen Restaurants und Bars ihre Tische auf die Straße. Von (angeblich) deutscher Wurst bis zu Sushi gibt es hier alle möglichen internationalen Spezialitäten, Ranguns moderne Jugend (in Hosen und Röcken!) flaniert hier auf und ab, und die Ausländer trinken gern mal ein Bier zu viel. Man kann sich unschwer vorstellen, dass auch Bangkoks Khao San Road einmal so angefangen hat.

Später kann man nur noch das etwas gruselige Phänomen der sich bewegenden Müllsäcke beobachten. Hier beulen sie sich plötzlich aus, dort rascheln sie – wer dort eine Party feiert, kann man sich denken. Rund um die Strand Road wird man übrigens neuerdings, wenn man allein unterwegs ist, gelegentlich von jungen Männern angesprochen, ob man Interesse an »Ladys« habe, oder wenn nicht an denen, dann an ihnen selbst. Auch Nachtclubs mit Beauty-Contests haben den Ruf, dass dort mehr läuft als nur Modelschauen.

Am interessantesten sind abends neben der 19th Street die diversen Hotelbars, in denen sich eine bunte Mischung von Touristen, Expats, wohlhabenden Burmesen und Geschäftsleuten trifft. Die meisten Luxushotels haben eine Happy Hour. Einmal die Woche trinkt man den ganzen Abend zum halben Preis. Mittwochs trifft man sich im Savoy, donnerstags im Shangri La, und der Freitagabend im Strand ist ein Jour Fixe, bei dem man die halbe Stadt kennenlernen kann. Übrigens ist die Atmosphäre im altehrwürdigen Strand alles andere als steif, eher aufgekratzt wie auf einer Cocktailparty.

Neben Bier- und Karaoke-Bars, die vorwiegend von Einheimischen besucht werden und in denen auch Live-Auftritte stattfinden, gibt es einige Restaurants mit Barbetrieb, in die man nicht nur wegen des Essens geht.

Mein Lieblingsrestaurant ist das Monsoon (www.monsoonmyanmar.com), das in einem klassischen Kolonialhaus nahe des Stadtzentrums liegt. Der Vorteil ist, dass auch die meisten Taxifahrer es kennen. Immer wenn ich vom Herumlaufen oder von der Hitze erschöpft bin und mir nichts anderes einfällt, lasse ich mich ins nächste Taxi fallen und ins Monsoon bringen. Hier kann man angenehm klimatisiert in Magazinen blättern, und das WLAN funktioniert meistens. Eine angenehme Überraschung ist die Speisekarte, die neben burmesischer Küche Gerichte aus Thailand, Vietnam und Kambodscha anbietet. Häufig sind große Speisekarten ja nicht unbedingt ein Zeichen für Qualität, aber hier funktioniert es. Auch die Cocktails sind gut gemixt. Der Shop im zweiten Stock verkauft schöne Souvenirs und Textilien.

Ein beliebter Treff für Expats und Einheimische ist die 50th Street Bar mit Burgern, Poolbillard und Übertragung internationaler Sportereignisse wie Formel 1 oder Fußball.

Einen angenehmen Abend mit hervorragender burmesischer und thailändischer Küche kann man im Restaurant Padonmar (www.myanmar-restaurantpadonmar.com) verbringen. Die alte Holzvilla gehörte früher einer Society-Größe aus Diplomatenkreisen, deren Fotos mit Prominenten heute noch den Treppenaufgang zieren. Für meinen Geschmack sind die privaten Dining-Rooms etwas zu großflächig mit historisierenden Fresken ausgemalt, aber der Garten mit seinen Lampions in den alten Bäumen ist herrlich.

Rangun von seiner schicken Seite kann man auch am idyllischen Inya-See genießen. Um diesen See liegen, oft von außen nicht einsehbar, elegante Restaurants und Villen. Das stilvolle L'Opera (www.operayangon.com) serviert erstklassige italienische Küche in einer Kolonialvilla mit Blick über den See, an dem die bessere Gesellschaft Ranguns lebt – Politiker und hohe Generäle, Botschafter und ehemalige Drogenbarone. Rangun kann sehr posh sein.

Ein Besuch im Le Planteur gehört für die Freunde gehobener Küche dazu. Wenn man in der Garden Lounge im tropischen Garten bei einem kühlen Drink sitzt, dann ist das Genuss pur, und das Konzept französischer Küche à la Indochine geht hier voll auf.

Pagoden-Hopping ist in Rangun für die meisten Reisenden zu Recht die Hauptbeschäftigung, auf dem Programm steht meist aber auch Shopping: Westliche Waren sind grundsätzlich teurer als in Europa; alles, was man aus Burma gebrauchen kann, findet man im Bogyoke Aung San Market – kurz Bogyoke-Markt – oder dem neuen Markt auf der gegenüberliegenden Straßenseite. Hinter einer Kolonialstilfassade befindet sich hier der größte Einkaufstempel der Stadt, und in seinen Hallen kann man schnell dem Kaufrausch verfallen. Hier gibt es fast alles: Ramsch aus China, Holzschnitzereien, Handwerkskunst, Lackwaren, Stoffe, Rattan-Artikel und Edelsteine, meist Rubine und Jade. Bis vor Kurzem konnte man große und besonders schöne Steine im Myanmar Gems Museum sehen. Allerdings wurden die besten Stücke inzwischen in die neue Hauptstadt Naypidaw gebracht. Im Myanmar Gems Museum befinden sich diverse Juweliere und finden halbjährlich Edelsteinauktionen statt, zu denen Juwelenhändler aus der ganzen Welt anreisen. Günstiger sind die Preise aber im Bogyoke-Markt. Ausgeführt werden dürfen nur Steine mit Zertifikat, die man bei einem lizenzierten Händler gekauft hat. Im oberen Stockwerk des Marktes sind zumeist Schneidereien und einige Antiquitätenläden.

Zur Entspannung nach dem Shopping kann man gleich um die Ecke im Shangri La Hotel für fünfzehn Dollar pro Person und Tag Pool, Sauna und Fitnessstudio nutzen. Diese Möglichkeit bieten einige Hotels auch Nichtgästen. Muss man zum Beispiel früh auschecken und reist erst abends weiter, kann man so angenehm den Nachmittag überbrücken.

Kulturell hat Rangun nicht sonderlich viel zu bieten. Vorstellungen im Nationaltheater finden nur unregelmäßig statt, und die bekannten Marionettentheater sind ehrlich gesagt nur Hartgesottenen zu empfehlen. Ich persönlich finde sie unerträglich. Dazu spielt ein Orchester traditionelle Musik, die für westliche Ohren ziemlich dissonant klingt – besser allerdings noch live, als wenn die Musik von der CD kommt und zusätzlich durch schlechte Boxen verzerrt wird. Marionetten bekommt man häufig auch in größeren Restaurants zu sehen, wo man sie aber eher ignorieren kann als im Theater.

Ein überraschendes Highlight ist das Nationalmuseum. Das Gebäude selbst sieht aus wie ein übergroßer Plattenbau und ist von erstaunlicher Hässlichkeit, obwohl es erst Mitte der 1990er Jahre erbaut wurde. Hier wird anschaulich, wie wichtig die Präsentation für die Exponate ist. Anscheinend hat hier niemand darüber nachgedacht oder die falschen Schlüsse gezogen. Meistens ist das Museum komplett leer. Lässt man sich jedoch auf die fast meditative Erfahrung ein, allein durch riesige Hallen zu wandeln, so gibt es in seinen düsteren Kavernen, von funzeligen Neonröhren nur schwach erhellt, erstaunliche Schätze zu entdecken: den Löwenthron des letzten Königs Thibaw, zahlreiche andere Regalia, Prunkkostüme und Gold, wo man hinsieht. Überraschend interessant ist die Abteilung für Malerei, in der man verfolgen kann, wie sich die Kunstströmungen der letzten hundert Jahre auf die burmesische Malerei ausgewirkt haben.

Nach meiner Begegnung mit der deutschen Wirtschaftsdelegation fing ich übrigens ebenfalls an, mir Gedanken zu machen, wie man in Rangun Geschäfte machen oder womit man handeln könnte. Doch das meiste hatte ich schon in Thailand gesehen. Im Nationalmuseum wurde ich schließlich fündig. Die Tische und Stühle des Wachpersonals und in den Büros sehen nämlich nach klassischer Moderne aus, Teakholzmöbel mit geflochtenen Rattanflächen, die aus dem Studio eines skandinavischen Designers der frühen 1960er stammen könnten. Diese Einrichtung zieht sich durch das ganze Haus, und die Nachricht, dass das Nationalmuseum demnächst nach Naypidaw umziehen soll, versetzte mich in eine Art Kurzzeit-Euphorie. Wahrscheinlich werden diese Möbel weggeworfen oder sind billig zu haben. Ich bin überzeugt, in Europa könnte man damit ein Vermögen machen und werde versuchen, sie zu kaufen.

Drei Tage Rangun

Hier ein paar Tipps, die man zwanglos auf drei Tage in Rangun verteilen kann:

Schwedagon-Pagode
Sie allein wäre es wert, einmal um die Welt zu reisen.

Und sie ist immer wieder anders. Wenn die Sonne aufgeht, liegt die Stadt zu ihren Füßen noch im Nebel, später kommen die Gläubigen und Mönche. Abends gibt es phantastische Sonnenuntergänge zu bewundern.

Bogyoke-Aung-San-Markt
Alles, was man als Ausländer in Burma kaufen möchte, findet man hier. Edelsteine, Stoffe, Lackwaren, Antiquitäten, Rattanmöbel und Gemälde. Einen halben Tag kann man sich wunderbar zwischen den Ständen verlieren.

Yuzana Plaza
Hier findet man das, was Burmesen gerade hip finden. Von Damensandaletten mit Glitzerapplikationen über Elektronik und gefakte Marken-Sonnenbrillen bis zum beliebten Smile Schneider-Shop, der maßgeschneiderte Hemden für unglaubliche 8500 Kyat anbietet. Ein bisschen erinnert die besonders bei Einheimischen beliebte Shoppingmall an das MBK in Bangkok – allerdings vor zwanzig Jahren. Dinge des täglichen Bedarfs sind hier deutlich günstiger als im Bogyoke-Markt.

Kolonialtour Downtown
Von der Sule-Pagode über die Pansodan Road und die Strand Road vorbei am Postamt bis zum Sekretariat der britischen Kolonialbehörde. Ein Spaziergang durch Downtown entführt einen in die Zeit des britischen Empire. Keine Stadt in Asien hat noch so viele Kolonialbauten wie Rangun.

Glasfabrik Na-Gar
Von dem Zyklon Nargis zerstört, stehen von Burmas einziger Glasbläserei nur noch Ruinen. Dennoch findet man

dort Mundgeblasenes zu Schnäppchenpreisen – solange es noch Reste gibt. Aufgrund der großen Nachfrage soll die Glasfabrik jetzt wieder aufgebaut werden.

Chinatown
Westlich der Sule-Pagode ist nach Anbruch der Dunkelheit mehr Leben als im Rest der Stadt. Der Kheng Hok Keong, der größte und älteste chinesische Tempel der Stadt, 1861 errichtet und der Meeresgöttin Mazu gewidmet, ist auch tagsüber einen Besuch wert.

Botataung-Pagode
Die Pagode am Fluss hat verspiegelte und vergoldete Gänge, die Stupa ist ungewöhnlich, weil innen begehbar.

St. Mary's Cathedral
Rangun hat nicht nur Pagoden, sondern auch Kirchen. Die St. Mary's Cathedral liegt gleich um die Ecke vom Bogyoke-Markt und ist wegen ihrer eindrucksvollen Bleiglasfester einen Besuch wert.

Mushmeah-Yeshua-Synagoge
Die jüdische Gemeinde in Rangun ist klein, um die zehn Familien sind es. Die Synagoge liegt inmitten des muslimischen Viertels – ohne dass es Probleme gibt. Mit der hohen Holzdecke, den Säulen und dem blauen Davidsstern ist sie ein auffallend elegantes Gebäude. Für Besichtigungen Moses Samuel anrufen: + 95 252 814.

Kandawgyi Lake
Die teuersten Grundstücke von Rangun liegen etwas außerhalb des Stadtzentrums am idyllischen Kandawgyi Lake, dem »königlichen See«. Die umgebenden Park-

anlagen laden zu einem Spaziergang ein. Im Hotel Kandawgyi Palace kann man mit Blick auf die Schwedagon-Pagode dinieren.

Antiquitäten
Silber, Lackwaren, Buddha-Statuen oder koloniale Möbel. Achten Sie bei Antiquitäten auf entsprechende Ausfuhrgenehmigungen und eine fachgerechte Verschiffung. Schöne Stücke findet man seit 1978 bei Augustine's (www.augustinesouvenir.com).

Nationalmuseum
Wie schon gesagt: ein gekachelter Albtraum von kolossaler Hässlichkeit, angefüllt mit wunderbaren Schätzen.

Zeitgenössische Kunst
Die Pansodan Art Space Gallery in Downtown wird am Dienstagabend zum Treffpunkt für die Kunstszene von Rangun. 286 Pansodan Road, first floor (upper block), Kyauktada, Yangon. Die Galerie New Zero Art Space setzt auf Austausch mit internationalen Künstlern und hat jetzt sogar ein »Artist in residence«-Programm. Die River Space Gallery im Strand Hotel wirkt etwas überteuert.

Dallah
Ländliches Burma, nur eine kurze Bootstour von Ranguns Innenstadt entfernt. Auf der Überfahrt werden frische Früchte, Cheroots und Bücher angeboten, eine nette Gelegenheit, das einfache Landleben kennenzulernen, wenn man sonst nicht dazu kommt. Der Anleger ist direkt gegenüber vom Strand Hotel.

Liegender Riesen-Buddha

Die gigantische liegende Buddha-Statue in der Kyaukhtat-gyi-Pagode ist mit einer Länge von siebzig Metern eine der größten des Landes.

Fortune Tellers

Rund um die Sule-Pagode warten Astrologen, Wahrsager und Handleser darauf, Ihnen die Zukunft vorauszusagen. Lassen Sie es darauf ankommen.

Teashop

Wenn Sie Burma wirklich kennenlernen wollen, setzen Sie sich in einen Teashop. Bei Snacks und Tee kommt man schnell mit den Einheimischen ins Gespräch. Burmesen widmen sich hier in der Freizeit ihrer Lieblingsbeschäftigung: tratschen.

Parteizentrale der NLD (National League for Democracy)

Früher wurden Ausländer, die die Parteizentrale von Aung San Suu Kyi besuchten, aus dem Teashop gegenüber von Agenten fotografiert. Heute gibt es hier neben der politischen Arbeit Souvenirs und Bücher über die »Lady« und ihren Vater, General Aung San, zu kaufen. Gleich hinter der Schwedagon-Pagode, jeder Taxifahrer kennt sie.

Bogyoke-Aung-San-Museum

Das ehemalige Wohnhaus von Bogyoke Aung San und seiner Familie, eine Villa aus den 1920er Jahren, bietet einen Einblick in das Leben des Revolutionshelden. Es war bis vor Kurzem nur für Ausländer (!) geöffnet.

Filmmuseum

Die große Zeit des burmesischen Films war in den 1970ern. Aus dieser Zeit sind auch die Exponate: Geräte, Bühnenbilder, Trophäen, Plakate und viele Fotos der Filmstars. Ein morbides Panoptikum. Myanmar Motion Picture Museum, No. 16 Wan Gaba Road, Bahan Town Ship. Telefon: 91 544 270.

Schwedagon – Hier ist alles Gold, was glänzt

»Da tauchte ein goldenes Mysterium am Horizont auf, ein funkelndes, großartiges Wunder, das in der Sonne glänzte… Das ist die alte Schwedagon Pagode, sagte mein Gefährte. Und die goldene Kuppel sagte zu mir: Das hier ist Burma, ein Land, das anders ist als alle anderen, die du kennst.«

Rudyard Kipling, Briefe aus dem Orient, 1898

Oft zitiert, aber trotzdem wahr – Kiplings schwärmerische Beschreibung der Schwedagon-Pagode kann man in jedem Burma-Prospekt finden, doch auch weniger pathetisch veranlagte Naturen sind geblendet von der Kraft, die von diesem Bauwerk ausgeht. Das ganze Tempelareal glänzt vor Gold, und sieht man dann die fast hundert Meter hohe Stupa direkt vor sich stehen, bleibt einem schier die Luft weg. Ohne übertreiben zu wollen: Für mich ist die Schwedagon-Pagode der schönste Sakralbau der Welt. Selbst wenn man mit Buddhismus nichts am Hut hat, ist man gefangen von der gleichzeitig einfachen und komplexen Form der Schwedagon, deren goldener Schein fast überall hoch über der Stadt zu sehen ist. Letztens hörte ich einer europäischen Familie zu, die staunend vor diesem Wunderwerk stand, und die kleine Tochter sagte: »Mama, das ist eine Nadel, die den Himmel anpiekst, damit etwas zu uns herunterkommt.«

Das trifft das Gefühl ziemlich gut, das sich einstellt, wenn man am Fuß der Stupa steht. Je nach Tageszeit kann sie eine Oase der Ruhe sein, deren Stille nur vom Murmeln der Mönche unterbrochen wird, oder, wenn die Familien ihre kleinen Novizen herbringen oder Gläubige in einer der Andachtshallen beten, ein Ort fröhlicher, ganz selbstverständlicher Frömmigkeit. Ihre größte Magie entfaltet die Schwedagon-Pagode jedoch bei Sonnenaufgang, wenn noch ein Schleier dünnen Nebels über der Stadt liegt, und bei Sonnenuntergang. Man kann locker einen halben Tag hier verbringen, ohne sich auch nur einen Moment zu langweilen.

Ich weiß nicht, wie viele Stunden ich dort schon verbracht habe, und jedes Mal zieht es mich aufs Neue hin: Mal zum genauen Nachlesen über Architektur und Geschichte, dann zum Fotografieren oder um einfach den Menschen zuzuschauen, die vor den Schreinen meditieren, Opfergaben darbringen oder die Buddha-Statuen waschen. Freundliche Menschen, die mich anstrahlen, Menschen, die sich über mich wundern und mit mir fotografiert werden wollen, Menschen, die beten, Menschen, die genauso in den Bann gezogen sind wie ich.

Erbaut wurde die Pagode der Legende nach auf acht Haaren Buddhas. Ein reicher Kaufmann, der von einer Hungersnot in Bengalen erfuhr, schickte seine beiden Söhne mit einer Schiffsladung Reis in das Krisengebiet. Die beiden Brüder erreichten die Mündung des Ganges und luden dort den Reis auf Ochsen- und Pferdekarren. Auf dem Weg trafen sie auf einen Nat, der sie mit einer

Frage auf die Probe stellen wollte. Er fragte sie, ob sie eher nach Gold und wertvollen Steinen oder nach Erleuchtung strebten. Natürlich antworteten die Brüder, dass sie Erleuchtung suchten, und der Nat schickte sie zum Bodhibaum, unter dem Buddha meditierte. Ehrfürchtig boten sie Buddha Reis und andere Dinge an, die er auch annahm. Als Dank schenkte er den beiden acht seiner Haare. Stolz kehrten die Kaufmannssöhne mit ihren Reliquien nach Hause zurück. Unterwegs hatten sie allerdings bereits zwei Haare an den König von Ajhatta und zwei weitere an den König der Naga verschenkt – nach anderer Version wurden ihnen die Haare geraubt. Sie übergaben das Kästchen mit den restlichen vier Haaren dem König Okkalapa. Durch eine Art göttliche Haarspalterei hatten die sich wieder auf acht vermehrt. Der König ließ auf dem Singuttara-Berg eine zehn Meter hohe Stupa errichten, in der die Haare in einer goldenen Schatulle eingemauert wurden. Im Lauf der Jahrhunderte wurde immer mehr dazugebaut, bis die heutige Form entstand.

Etwa 2500 Jahre soll die Schwedagon-Pagode der Legende nach alt sein, Archäologen glauben eher, dass die Stupa zwischen dem sechsten und zehnten Jahrhundert durch das Volk der Mon erbaut wurde. Die ersten Berichte über die Stupa stammen aus dem vierzehnten Jahrhundert, als der Mon-König Binnya U ihn auf eine Höhe von achtzehn Meter vergrößerte. Ein halbes Jahrhundert später maß sie bereits neunzig Meter. Ihre jetzige Höhe von 99 Metern erreichte die Schwedagon-Pagode im Jahr 1774. Königin Shinsawbu stiftete ihr Körpergewicht in Gold für die Verkleidung der Pagode, eine Sitte, der andere Monarchen folgten. Inzwischen sollen über sechzig Tonnen Gold, die angeblich größte Goldansammlung der Welt, die Stupa bedecken. Die Spitze des Bauwerks krönt der *hti,* ein juwelenverzierter Schirm, als Symbol des Himmlischen. Die Angaben über die Zahl der Edelsteine, die darauf angebracht sind, schwankt, auf der Eintrittskarte ist zu lesen, es handle sich um »79 569 Diamanten und andere wertvolle Steine« sowie um 3154 Glocken aus reinem Gold – sichtbar sind diese Schätze nur für die Vögel, die um die Spitze des Heiligtums fliegen. Der materielle Wert des Goldes bedeutet so zugleich die Loslösung von ihm. Man soll die Juwelen gar nicht sehen, es reicht zu wissen, dass sie da sind. Was bleibt, ist ein fernes Funkeln in der Höhe.

Auf dem Tempelgelände ist alles gleichzeitig Architektur und Symbol. Zur 60 000 Quadratmeter großen Plattform aus weißen Marmorplatten, auf der die Hauptstupa steht, führen vier überdachte Aufgänge, die nach den Himmelsrichtungen ausgerichtet sind. Die Stupa erinnert an den steilen Weg, der aus dem Kreislauf der Wiedergeburten ins Nirwana führt. Sie erinnert auch an den Berg Meru, der nach buddhistischer Lehre der Mittelpunkt der Welt ist. Auf die achteckige Basis folgen drei Terrassen. Auf der untersten stehen diverse kleinere und größere Pagoden, auf der dritten erhebt sich eine 22 Meter hohe Glocke, dann eine umgekehrte Almosenschale, die mit sechzehn Lotusblüten verziert ist. Der nächste Abschnitt wird als gewickelter Turban bezeichnet, auf den wieder eine Lotusblüte folgt. Auf der darauffolgenden sogenannten Bananenblüte steht der siebenfache Schirm Hti, mit einer Fahne, an deren Spitze eine Diamantenkugel glitzert.

Die Schwedagon ist nicht nur Architekturdenkmal oder Heiligtum, sie verkörpert die Geschichte des Landes. Sie hat Könige und Kolonialherren kommen und gehen sehen. Sie ist ebenso Mittelpunkt des Glaubens wie des kulturellen Empfindens. Übrigens auch des politischen: 1920 war die Schwedagon-Pagode Ausgangspunkt der Studentenrevolte gegen die britische Kolonialregierung. Auch die aktuelle Demokratiebewegung hatte ihren Anfang hier. Aung San Suu Kyi hielt im Jahr 1988 vor der Schwedagon-Pagode ihre erste öffentliche Rede.

Aufdringlich freundliche Menschen an der Stupa sollte man allerdings meiden. Insbesondere solche, die keine Guides sind. Sie verlangen nämlich später ein Geschenk in Form von Dollar und sind schwer wieder loszuwerden. Allerdings lernt man in Myanmar schnell, ob Menschen eine Unterhaltung suchen oder ob sie einfach nur von Reisenden ein bisschen Geld schnorren wollen. Ein professioneller Guide wird sich schnell als solcher zu erkennen geben, jemand, der Bekanntschaften sucht, nicht nach Geld fragen. Auch hier gilt: Verlassen Sie sich auf Ihr Gefühl.

Fast ebenso berühmt, aber im Vergleich weniger eindrucksvoll ist die Sule-Pagode. Sie steht auf einer Kreuzung inmitten vierspuriger Straßen, mitten in Downtown, gleich neben dem Rathaus und dem Obersten Gericht. Das Besondere an dieser Pagode ist ihre achteckige Form, die am Sockel beginnt und erst in fast fünfzig Metern an der Spitze endet.

Sie ist eine Alltagspagode, an der die Burmesen nach Feierabend beten. In den Nischen um die große Pagode stehen sieben Altäre, für jeden Wochentag einer. Die Gläubigen legen dort am Wochentag ihrer Geburt Opfer nieder und begießen die goldene Buddha-Figur auf dem Altar mit Wasser.

In der Anlage sind sogar Geschäfte untergebracht. Es gibt einen Laden für Blumenopfer und andere Devotionalien und sogar einen Fotografen. Bekannt ist die Sule-

Pagode für Astrologen und Wahrsager, die hier und im benachbarten Park praktizieren und auch Touristen gern die Zukunft voraussagen.

Koloniale Träume

Nach ein paar Tagen kann man sie nicht mehr sehen: Egal wie viele Tonnen Gold sie bedecken oder welche Buddha-Reliquien in ihnen eingemauert sind, irgendwann hat man die ewigen Pagoden satt. »Overpagodaed«, stöhnen Traveller, die sich für besonders weltläufig halten: »I'm so overpagodaed.«

Glücklicherweise hat Rangun deutlich mehr zu bieten als nur Pagoden, und im Gegensatz zu anderen asiatischen Städten wie Bangkok oder Saigon lässt sich Downtown Rangun hervorragend zu Fuß erkunden. Es ist geradezu ideal für ausgedehnte Spaziergänge, gegen die manchmal nur die Hitze spricht. Und natürlich der Zustand der Fußgängerwege. Egal wie schön das ist, was Sie in Rangun in Augenhöhe oder darüber entdecken: Behalten Sie immer den Fußweg im Auge! Schlaglöcher von der Größe eine Kinderbadewanne sind keine Seltenheit, und ehe man sich versieht, rutscht man in die knietiefen und nur ungenügend gesicherten Ablaufkanäle für Regenwasser.

Touristisch am interessantesten ist der Bereich von der 20. bis zur 50. Straße. Quer dazu verlaufen die großen Straßen wie Merchant Street und Mahabandoola Street bis hoch zur Bogyoke Aung San Road.

Alles dazwischen ist angefüllt mit großartigen Kolonialbauten. Unter britischer Herrschaft war Rangun eine wichtige Hafenstadt sowie das finanzielle, politische und administrative Zentrum Burmas. Deshalb hatten viele ausländische Unternehmen hier ihre Zentralen, und auch die britische Regierung hinterließ eine ganze Reihe von Administrationsgebäuden in Rangun, die mit den besten Architektur- und Technikstandards jener Zeit den Glanz des Empires wiederspiegeln sollten.

Rangun ist heute die Stadt mit den meisten kolonialen Gebäuden in Asien und gibt uns eine Idee, wie Singapur, Bangkok oder Saigon vor einem halben Jahrhundert ausgesehen haben mögen.

Eine Zeitkapsel aus Vernachlässigung, Embargo und Misswirtschaft hat diese architektonischen Schätze in Rangun erhalten. Die Mischung aus viktorianischer Prachtentfaltung, Art déco und Fifties ist einzigartig. Jetzt bedroht die Öffnung des Landes das historische Erbe, denn Rangun rückt ins Blickfeld von Investoren und Stadtentwicklern. Moderne Apartmentgebäude bringen eben mehr Rendite als historische Gebäude. Ein erster Erfolg bei der Erhaltung des kolonialen Erbes ist der Yangon Heritage Trust, der mit Unterstützung der Regierung Hunderte erhaltenswerter Gebäude gelistet hat, die vor dem Abriss geschützt werden sollen.

Mit Beratung des Historikers Thant Myint-U soll ein Gesetz entstehen, das den Umgang mit den Baudenkmälern regelt. Weniger gefährdet sind seiner Meinung nach die öffentlichen Gebäude wie Moscheen, Pagoden und Kirchen als vielmehr Wohn- und kleinere Geschäftshäuser, die oft unbemerkt abgerissen oder absichtlich dem Verfall preisgegeben werden, da sich die Bewohner eine fachgerechte Renovierung nicht leisten können und ohnehin modernen Komfort vorziehen würden. Den Einwohnern den Wert historischer Bausubstanz klarzumachen, ist ein Problem. Viele Eigentümer lassen sich auf Deals mit Entwicklungsgesellschaften ein, die ihnen neue Wohnungen im neuen, um ein paar Etagen aufgestockten Gebäude versprechen.

Auch die Grundstücksspekulation hat erstaunliche Ausmaße angenommen. Der Grund: Auf der Fläche alter Villen können wie in anderen asiatischen Städten Apartmenthäuser entstehen, die enormen Profit versprechen. Überraschend: Die Immobilienpreise in Rangun gehören heute mit zu den höchsten der Welt. Eine koloniale Villa in guter Lage kostet schnell mal zweistellige Millionenbeträge – nicht in Kyat, sondern in Dollar! Die Preise haben fast das gleiche Niveau wie in New York oder London. Das steht zwar in keinem Verhältnis zum Durchschnittseinkommen, ist aber typisch für Länder, in die plötzlich internationale Organisationen und Geschäftsleute einfallen. Schließlich weiß man: Die bezahlen jeden Preis.

Am wichtigsten, so glaubt Regierungsberater Thant Myint-U, sei es, jetzt eine Strategie zur Erhaltungsplanung zu erarbeiten und eine Vision für die Stadt zu entwickeln, wie diese in zwanzig Jahren aussehen solle. Und die Chancen stehen gar nicht schlecht, dass Rangun seinem Ruf als eine der schönsten Metropolen, als die »Gartenstadt Asiens« wieder gerecht wird.

Denn es tut sich was. Wenn man das Rathaus neben der Sule-Pagode vor ein paar Jahren gesehen hat, erblickte man nur abblätternde, schmutzig-gelbe Farbe, heute strahlt es in pastelligen Blautönen wie ein kitschiger, aber charmanter orientalischer Palast. Nur die uralten rostigen Stacheldrahtbarrikaden und ein paar Uniformierte erinnern noch an die alten Zeiten. Letztere zu fotografieren war früher strengstens verboten. Heute lächeln sie. Das Rathaus aus den 1930er Jahren ist übrigens das einzige der öffentlichen Gebäude, das burmesische Elemente mit europäischer Architektur vereint. Auch die indische Botschaft in der Merchant Street wurde gerade aufwendig renoviert.

Manche Restauratoren beklagen zwar, die Arbeiten an den historischen Gebäuden würden nicht immer fachgerecht ausgeführt und der Bausubstanz vielleicht sogar schaden, aber das Ergebnis verleiht der Stadt eine ganz neue Atmosphäre. Doch immer noch sind viele Bauten nur Schatten ihrer vergangenen Herrlichkeit und Größe.

Einen Spaziergang durch Downtown Rangun beginnt man am besten an der Sule-Pagode. Das neben dem Rathaus eindrucksvollste Gebäude der Kolonialzeit ist vermutlich das ziegelrote High-Court-Gebäude. Fertiggestellt 1911 im Queen-Anne-Stil, diente es der kolonialen Regierung auch als Stein gewordenes Zeichen ihrer Macht, ebenso wie das ehemalige Amt der Ministerien.

Das »Sekretariat« war einst das Herz der britischen Verwaltung in Burma. Riesig und elegant liegt das Areal heute hinter Stacheldraht im Dornröschenschlaf, das Betreten und Fotografieren ist offiziell verboten. Auf fünfhundert Millionen Dollar wird allein der Geldbedarf für die Renovierung dieses Gebäudes geschätzt. Der Idee, das »Sekretariat« ganz oder teilweise in Büros und ein Luxushotel zu verwandeln, wurde bereits mit breiter Zustimmung der Öffentlichkeit eine Absage erteilt. Schließlich wurde hier Revolutionsheld General Aung San erschossen.

Der beste Ort, um die kolonialen Strukturen in Rangun zu entdecken sind die Pansodan Road und ihre Seitenstraßen wie die Bank Road, in der ein Vorzeigeprojekt zur Stadtsanierung geplant ist.

Hier lohnt sich übrigens ein Abstecher in den Bagan Book Shop (100, 37th Street), der sich ausschließlich auf Bücher über Burma spezialisiert hat und der neben aktuellen Büchern und Reprints auch antiquarische Bücher anbietet. Längst vergessene Werke britischer Botaniker aus dem frühen zwanzigsten Jahrhundert haben ebenso ihren Reiz wie solche über den burmesischen Way of Life, wie ihn sich die Militärs in den 1970er Jahren vorstellten.

Die Strecke Mahabandoola Road und dann die Pansodan Road in Richtung Süden hinunter ist mein Favorit. Entlang dieser Straße stehen die eindrucksvollsten Bauwerke aus Ranguns großer Zeit. Dazu gehören das Telegrafenamt, das Steel Brother's Building, Grindlay's Bank, das Gebäude von Sofaer & Co. (erbaut 1906, an der Ecke Merchant Road), das Port Commission Building (1920, am Ende der Straße, an der Ecke Strand Road), das Account General Office (gegenüber dem Port Authority Office), die Chatred Bank of India und das Irrawaddy-Flotilla.

Biegt man die Strand Road jetzt links ab, erreicht man nach wenigen Hundert Metern das legendäre Strand Hotel und das Central Post Office. Auf der linken Seite der Strand Road sind noch andere schöne Gebäude zu sehen, einschließlich demjenigen der Bombay Burma Company (heute Myanmar Airways) und der Britischen Botschaft. Wenn man an der Ecke des Central Post Office nach Norden in die Bo Aung Kyaw Street abbiegt, sieht man bis zur Ecke der Anawrahta Road diverse in ihrem Verfall, aber auch in ihrer morbiden Schönheit an Havanna erinnernde Wohngebäude, an der Ecke Anawrahta Road und Bo Aung Kyaw Street wieder das Sekretariat. Links über die Anawrahta Road kommt man zurück in Richtung Sule-Pagode und kann bei einem Kaffee oder Lunch im obersten Stock des Sakura Towers zum Abschluss das Stadtpanorama noch einmal von oben genießen. Da es in Rangun bislang kaum Hochhäuser gibt, hat man eigentlich nur von hier aus einen Überblick, von den Hafenanlagen am Fluss über die Altstadt und heruntergekommene Plattenbauviertel bis zur Schwedagon-Pagode.

Bagan – Die Tempelstadt in der Steppe

In unwirklichen Farben glüht der Himmel zum Sonnenuntergang, majestätische Tempel und Stupas erheben sich aus der Ebene, und so weit das Auge reicht, ist eine Pferdekutsche das Einzige, was sich in diesem Panorama bewegt. Die psychedelisch anmutenden Farben erscheinen erst, wenn die Sonne hinter dem Horizont verschwunden ist und die Wolken von unten anstrahlt. Wenn man in so einem Moment auf einem der Tempel steht, könnte man meinen, die Zeit sei vor Jahrhunderten stehen geblieben. Es gibt wenige historische Monumente, die mich so bewegen und mir derart den Atem rauben wie die Tempelstadt Bagan, in Südostasien höchstens noch Angkor, und das ist mittlerweile leider von Touristen überlaufen. Hier ist man (noch) fast allein. Bagan ist ohne Zweifel einer der Höhepunkte jeder Burmareise.

Dabei war Bagan bis in die 1990er Jahre gar nicht so verlassen. Zwischen den Stupas lebten Einheimische, die inzwischen in das nahegelegene Dorf New Bagan zwangsumgesiedelt wurden, eine unter konservatorischen Gründen sicher richtige Entscheidung. Trotzdem ist Bagan nicht als Weltkulturerbe ausgewiesen. Das liegt zum einen daran, dass die touristische Infrastruktur erst ausgebaut wird, zum Beispiel mit einem sechzig Meter hohen und völlig überflüssigen Aussichtsturm, der alles überragt, zum anderen daran, dass reiche Burmesen neue Tempel finanzieren, die teilweise auf historischen Fundamenten gebaut werden. Zusammen mit einer oft unsachgemäßen Restaurierung verfälschen sie das Bild des alten Bagan. Allerdings war es in Burma immer üblich, dass die Wohlhabenden und Mächtigen Klöster und Pagoden spendeten, um ihre Religiosität zu demonstrieren und Verdienste für das nächste Leben zu sammeln. Bagan war eben seit jeher ein Ort lebendiger religiöser Verehrung und nicht nur eine historische Stätte.

Gegründet im neunten Jahrhundert, wurde es Mitte des elften Jahrhunderts unter dem legendären König Anawrahta das Zentrum eines burmesischen Reichs. Damit setzte ein erstaunlicher Bauboom ein, der bis ins dreizehnte Jahrhundert anhielt. Mit der Eroberung des Reiches durch Kublai Khan kam auch das Ende für Bagan. Die Profanbauten aus Holz und Bambus wurden zerstört, lediglich die aus Ziegelstein erbauten Tempel überdauerten. Viele davon fielen zwar einem großen Erdbeben im Jahr 1975 zum Opfer, doch es sind noch über zweitausend Sakralgebäude erhalten. Der Tempelbereich erstreckt sich über fast vierzig Quadratkilometer und ist eine der größten archäologischen Stätten Südostasiens. Offiziell umfasst der Bagan Historical Park sogar mehr als hundert Quadratkilometer, aber es ist relativ einfach, die meisten wichtigen Monumente in ein paar Tagen zu besuchen.

Bagan liegt in einer steppenartigen Ebene am Ufer des Ayeyarwady, in der kaum Regen fällt. Deshalb kann man die Stadt auch in den Sommermonaten besuchen. Am bequemsten ist es, sich für etwa 25 Dollar pro Tag eine Pferdekutsche zu mieten. Die hat den Vorteil, dass man in genau dem richtigen Tempo an den Sehenswürdigkeiten vorbeifährt und jederzeit halten kann. Ein Taxi ist dafür fast immer zu schnell, und man verpasst die Hälfte.

Da die Gegend flach ist, lässt sie sich auch gut mit dem Fahrrad erkunden, allerdings empfehle ich das nur in den Morgen- oder Abendstunden und nicht in den heißen Monaten April und Mai. Dann steigt die Temperatur mittags häufig über vierzig Grad, was Radfahrer schnell an die körperlichen Grenzen bringt. Ohnehin sollte man sich nie ohne Sonnenhut oder Schirm in die Mittagssonne wagen, besser noch ist es, eine ausführliche Siesta zu halten und erst ab sechzehn Uhr mit dem Besichtigungsprogramm fortzufahren. Auch ist das Licht schöner, wenn die Sonne nicht so hoch steht.

Oder man verbringt die Mittagsstunden im riesigen und angenehm kühlen archäologischen Museum. Das Gebäude ist zwar neben dem Nationalmuseum in Rangun ein weiteres Musterbeispiel komplett misslungener Museumsarchitektur, beherbergt aber viele interessante Stücke und anschauliches Material zum Alltagsleben in Bagan. Ein Faible für Trash kann bei den kitschigen Monumentalgemälden allerdings nicht schaden. Ich liebe besonders die absurd hässlichen Perückenköpfe aus Gips mit über fünfzig höfischen Haartrachten aus der Familie der Dutts und Hochsteckfrisuren, die einen ganzen Saal einnehmen. Die vielen Architekturmodelle sind aufschlussreich, wenn man sich für den Aufbau der Tempel interessiert.

Die meisten Unterkünfte gibt es in New Bagan und in Nyaung U, wo auch der Flughafen liegt. New Bagan ist eine ziemlich staubige Angelegenheit, hier findet man überwiegend die günstigen Hotels und Guesthouses, die oft etwas lieblos wirken. Eine Oase inmitten eines üppigen tropischen Gartens ist das Hotel Thazin Garden, das über einen Pool und eine eigene Pagode verfügt, die bei Dunkelheit angestrahlt wird und eine stimmungsvolle Kulisse zum Dinner bildet. Die Zimmer und die Suiten sind im traditionellen Teak-Design gehalten, und im Gegensatz zu den meisten anderen Hotels hat man hier, abseits der Hauptstraße, eine Art Resort-Feeling.

Old Bagan hat im Bereich der archäologischen Zone zwar nur wenige Hotels, diese sind jedoch deutlich luxuriöser als in New Bagan. Besonders schön gelegen sind die Hotels am Fluss wie das Thiripyitsaya Resort oder Bagans ältestes Hotel, das Thande Bagan Hotel. Anlässlich des Besuchs des Prince of Wales und späteren Königs Edward VIII. wurde hier 1922 ein zweistöckiger Teak-Pavillon erbaut, der heute zwei riesige und recht düster möblierte Suiten beherbergt. Umgeben ist dieses Gebäude von großzügigen, nicht ganz neuen Bungalows und einem wohltuend gepflegten Pool. Besonders erwähnenswert ist das, weil viele Hotels in Burma zwar über einen Pool verfügen, aber mit der Instandhaltung überfordert sind. Wenn das Wasser einen Stich ins Milchige oder schlimmer noch ins Grünliche bekommt, ist Vorsicht geboten. Natürlich gibt es weniger empfindliche Naturen, andere bekommen bei dieser Wasserqualität alle Hautkrankheiten dieser Welt.

Das eigentliche Highlight des Thande Bagan ist eine Reihe von Zimmern, die direkt in die Uferböschung des Ayeyarwady eingelassen sind. Sie bieten einen spektakulären und völlig unverstellten Blick über den Fluss und die dahinter liegende Bergkette. Um diesen zu genießen, muss man aber kein Übernachtungsgast des Hotels sein. Das Restaurant unter knorrigen alten Akazienbäumen ist ideal für einen Sundowner oder ein Dinner mit Flussblick. Empfehlenswert ist auch eine private Bootsfahrt zum Sonnenuntergang. Vom Wasser aus hat man einen atemberaubenden Blick auf die Kulisse der Tempelstadt in der Ferne.

In Bagan empfiehlt es sich, die Tage gut zu planen, um zu verhindern, dass man schnell »overpagodaed« und »templed out« ist. Mindestens ein Sonnenaufgang ist ein Muss, und der Dhammayazika ist als einer der wenigen Tempel, an dem es erlaubt ist, auf die Spitze zu klettern, eine ideale Wahl für beides. Bei Sonnenuntergang ist auch der Thamanpaya zu empfehlen, der eine riesige Aussichtsplattform hat und weit genug von den großen Tempeln entfernt ist, um nicht Heerscharen von Besuchern anzulocken. Der Gubyaukgyi bietet einen hervorragenden Blick auf den benachbarten Thatbyinnyu, Bagans höchsten Tempel, und den Dhammayangyi-Tempel.

Etwas anstrengend sind die zahlreichen fliegenden Händler, die Reisenden im Tempelbereich auflauern und einen so lange bearbeiten, bis man irgendetwas kauft, um seine Ruhe zu haben. Bei den ersten fünf hat man noch die Kraft, nein zu sagen. Irgendwann ist man von der Hitze und der Händlerabwehr so geschwächt, dass man einem Kind zuhört, das in bestem Deutsch oder Englisch und mit feuchten Augen von seinem Schulbesuch erzählt, der vom Kauf eines zweifelhaften Sandgemäldes abhängt, und schon hat man verloren. Der Vorteil: Wenn man eines dieser Bilder kauft, kann man den anderen Verkäufern sagen, man hätte schon eines.

Den besten Blick auf die Ebene von Bagan hat man übrigens aus der Vogelperspektive eines Heißluftballons. Die Balloons over Bagan starten von Oktober bis April zu Champagnerflügen zum Sonnenauf- oder Sonnenuntergang und versprechen eine weiche Landung auf den Sandbänken des Ayeyarwady.

Den meisten Besuchern dürften die Greatest-Hits-Tempel als Eindruck von Bagan genügen, trotzdem gibt es immer noch genug zu entdecken, wenn man länger als die üblichen zwei oder drei Tage bleiben will. Generell gibt es in Bagan zwei Grundtypen von Heiligtümern: Stupas beziehungsweise Zedis und Pahtos (Tempel).

Hier die bekanntesten Bauwerke:

Ananda
Vermutlich der berühmteste Tempel Bagans und in abgewandelter Form in allen möglichen Science-Fiction- und Abenteuerfilmen sowie bei Tim und Struppi zu sehen. Wann immer ein Vorbild für einen exotischen Tempel gesucht wird, steht der Ananda an erster Stelle. Fertiggestellt im Jahr 1090, ist er eine Glanzleistung früher Tempelarchitektur. Der Grundriss stellt ein griechisches Kreuz dar mit vier riesigen stehenden Buddha-Statuen, die in vier verschiedene Richtungen gewandt sind. Achtzig Reliefs zeigen die frühen Abschnitte im Leben Buddhas von der Geburt bis zu seiner Erleuchtung.

Thatbyinnyu
Mit über 66 Metern Höhe überragt dieses Stuckgebäude, das Mitte des zwölften Jahrhunderts von König Alaungsithu erbaut wurde, als höchste Pagode in der Ebene von Bagan alle anderen Monumente.

Nathlaung Kyaung

Westlich des Thatbyinnyu und innerhalb der alten Stadtmauern liegt der einzige Hindutempel in Bagan. Man glaubt, dass er im zehnten Jahrhundert gebaut wurde. In den frühen Tagen Bagans vor König Anawrahta lebten in Bagan Hindus. Er ist offensichtlich einer der ältesten Tempel Bagans.

Gawdawpalin

Dieser Tempel wurde im zwölften Jahrhundert von König Narapatisithu erbaut. Er ist etwa sechzig Meter hoch und bietet eine herrliche Aussicht über die Ruinen der Ebene und auf den Fluss.

Dhammayangyi

Erbaut 1165 v. Chr. von König Narathu, ist dies der größte Tempel von Bagan, ein massiger mehrgeschossiger Ziegelbau, der an eine Pyramide erinnert.

Bupaya

Am Rande des Ayeyarwady gelegen, ist die Bupaya-Pagode ein auffälliges Wahrzeichen für Reisende entlang des Flusses. Diese Pagode, deren Form an einen Flaschenkürbis erinnert, ist ein beliebter Aussichtspunkt, um den Sonnenuntergang zu beobachten.

Sulamani

Einer der bedeutendsten Tempel von Bagan. Der Name bedeutet »krönendes Juwel« oder »kleiner Rubin«. Er war der erste Tempel der späten Bauperiode von 1170–1300 und war einer der vielen Tempel und Stupas, die von König Narapatisithu erbaut wurden. Zu seinen Besonderheiten gehören sein filigranes Mauerwerk und die

Verwendung von Stein. Einst zierten herrliche Fresken den Innenraum, doch sind heute nur noch blasse Spuren davon zu sehen.

Gubyaukgyi

Dieser Tempel aus dem dreizehnten Jahrhundert hat einen Turm, der dem Mahabodhi-Tempel von Bodhgaya in Indien nachempfunden ist. Er ist für seine Wandgemälde bekannt, auf denen Szenen aus dem Leben Buddhas zu sehen sind.

Htilominlo

Der Htilominlo ist einer der größten Tempel von Bagan. Er ist ein doppelstöckiges Bauwerk, das fünfzig Meter in die Höhe ragt. Bekannt ist dieser Tempel für seine Stuckschnitzereien an den Bogengiebeln, Friese und Pilaster.

Shwezigon

Diese Pagode wurde von König Anawrahta, dem Gründer des ersten burmesischen Reiches, begonnen und von seinem Nachfolger fertiggestellt. Die Shwezigon-Pagode ist der Prototyp für die nachfolgenden Pagoden in Burma. Ende Oktober bis Anfang November findet hier ein Pagodenfest statt.

Taung Kalat – Die Wohnstätte der Nats

Ein lohnenswerter Tagesausflug in der Umgebung von Bagan sind der Mount Popa und der Taung Kalat, die knapp siebzig Kilometer südöstlich von Bagan liegen. Der Taung Kalat, ein erloschener Vulkankegel, der häufig ebenfalls als Mount Popa bezeichnet wird, gilt als

Wohnort der legendären Nats. Der 737 Meter hohe steile Felsturm aus erkalteter Lava mit einem Tempel auf der Spitze bietet aus der Ebene und auch vom Mount Popa aus einen ebenso faszinierenden wie unwirklich wirkenden Anblick.

Auf der zur Spitze führenden, überdachten Treppe leben Affen, die sich von den Gaben der Besucher ernähren. Bekommen sie nicht ihre gewohnte Ration von rosafarbenem Popcorn, das am Fuß des Berges verkauft wird, können sie ziemlich penetrant werden, springen Besuchern auf die Schultern oder angeln in deren Taschen nach allem, dessen sie habhaft werden können. Vom Gipfel hat man einen sensationellen Blick über die Myingyan-Ebene. An der Pagode stehen diverse farbenfrohe Betonstatuen der hier verehrten 37 Nats. Das Ganze hat etwas von einem Geister-Disneyland, und ein Guide kann nicht schaden. Sonst fühlt man sich wie in einem fremdsprachigen Film ohne Untertitel.

Lackarbeiten in allen Formen

Das Souvenirproblem meldet sich spätestens am Ende des Urlaubs, wenn man überlegt, was man den Lieben zu Hause mitbringen könnte, oder ob es etwas gibt, das man für sich selbst als Erinnerung an die Reise mitnehmen möchte.

In beiden Fällen sollte es natürlich möglichst etwas sein, das andere nicht am Geisteszustand des Reisenden zweifeln lässt und das nicht umgehend im Keller oder auf dem Flohmarkt landet. Wie jeder weiß, sind die meisten Mitbringsel nur im Ursprungsland geschmacklich vertretbar.

Paillettenbestickte Wandbehänge und Kissenbezüge sind ebenso wenig jedermanns Sache wie Buddha-Bilder aus Kernen und Sand oder Schmuck aus meist minderwertiger Jade. Generell macht man mit Handwerkskunst und Haushaltsgegenständen aus Perlmutt, Rattan oder Lack, die bei uns ein Vielfaches kosten, wenig falsch. Perlmutt wird häufig zu Untersetzern und Salatbesteck und anderen Küchenutensilien verarbeitet, Rattan zu Untersetzern, Accessoires und Kleinmöbeln.

Burmesische Lackarbeiten in den typischen Farben Schwarz oder Rot eignen sich sowohl als Deko-Objekte als auch zur praktischen Benutzung. Lackobjekte gehörten früher zu den wichtigsten Symbolen der hierarchischen Ordnung. Dreimal im Jahr verschenkte der König neben zeremoniellen Roben und anderen Utensilien ausgesuchte Lackarbeiten – Dosen für Betelnüsse, Schminkkoffer, Tafelaufsätze, Tabletts, Teebecher oder Food-Container –, genannt *yun-de*, an Angehörige des Hofes und andere wichtige Personen des Reiches.

Bis in die heutige Zeit werden Lackarbeiten im täglichen Hausgebrauch verwendet, denn sie sind lebensmitteltauglich, wasserfest, insektensicher, weitgehend bruchfest und begrenzt auch hitzebeständig. Seit Jahrhunderten trinken die Burmesen ihren Tee aus Lackbechern. Neben den praktischen Vorzügen finden sie insbesondere wegen ihrer anspruchsvollen dekorativen Verarbeitung viele Liebhaber, auch antike Lackarbeiten haben viele Sammler.

Die Herstellung der Lackarbeiten ist sehr aufwendig und kann besonders in Manufakturen in Bagan studiert werden, dem Zentrum für die Herstellung hochwertiger Lackarbeiten. Vor allem in New Bagan gibt es einige Manufakturen mit angeschlossenen Geschäften. Bekannt für ihre Qualität sind die Firmen Bagan House, Ever Stand und Lotus Collection.

Immer mehr nehmen zeitgenössische Designer Einfluss auf die Gestaltung. Designer aus dem Ausland lassen inzwischen für den internationalen Markt produzieren und nehmen dabei Abstand von der klassischen Gestaltung. Statt aufwendiger Gravuren setzen sie auf eine minimalistische Gestaltung, die dem modernen Geschmack eher entspricht.

Der »Lacquer tree«, dessen Harz für die Herstellung von Lackarbeiten benötigt wird, wächst nur zwischen zweitausend und dreitausend Meter über dem Meeresspiegel. Das Harz wird, ähnlich wie Kautschuk, durch das Anritzen der Rinde gewonnen. Es hat zunächst eine braune Farbe und wird im Lauf einiger Tage unter Einfluss von Sauerstoff langsam dunkler, bis es schließlich tiefschwarz ist.

Das Skelett fast jeder Lackarbeit besteht aus Bambus oder in seltenen Fällen sogar aus geflochtenem Pferdehaar. Um eine plane Oberfläche zu schaffen, werden die Ritzen des geflochtenen Bambuskorpus mit einer Mixtur aus Harz und feinem Flussschlamm bestrichen. Nun kommt das Gefäß für einige Tage zum Aushärten in die Trockenkammer und wird im Anschluss abgeschliffen, um der Oberfläche die gröbsten Unebenheiten zu nehmen. Danach wird eine zweite Schicht aufgetragen, diesmal aus einer Mischung von Baumharz und feiner Asche von verbranntem Teakholz-Sägemehl. Nun muss das Gefäß wieder einige Tage trocknen, bis die nächste und feinere Lackschicht aufgetragen wird. Dieser Vorgang muss je nach Qualität vier bis sieben Mal mit immer feiner werdenden Lackschichten und entsprechend sorgfältigem Abschleifen der Oberfläche wiederholt werden.

Erst dann ist die Oberfläche für das Gravieren von Ornamenten, Sternkreiszeichen oder höfischen Szenen bereit. Dafür wird nun ein spitzes Eisen verwendet, das je nach Art der Gravur in verschiedenen Stärken eingesetzt wird. Wenn man die einzelnen dekorativen Muster betrachtet, wird man über die vielen feinen Details erstaunt sein.

Nach erfolgter Gravur wird das Objekt in ein Farbbad getaucht, sodass sich die Farbpigmente in den eingravierten Vertiefungen der Lackoberfläche festsetzen können. Auf diese Weise wird die mehrfarbige Oberfläche erzielt. *Shwezawa* nennt sich die Technik des Aufbringens von Mustern aus Blattgold auf schwarzem Hintergrund.

Kennt man dieses aufwendige Herstellungsverfahren, kann man nachvollziehen, dass bis zur endgültigen Fertigstellung von Lackwaren insgesamt fünf bis sechs Monate vergehen, und versteht auch den hohen Preis, der für manche Lackarbeiten verlangt wird.

The Road To Mandalay

For the wind is in the palm trees
And the temple bells they say:
Come you back you British soldier
Come you back to Mandalay,
Come you back to Mandalay
[...]
On the road to Mandalay
Where the flyin' fishes play
An' the dawn comes up like thunder
Outer China crost the bay

Rudyard Kipling

Der verheißungsvolle Klang des Namens Mandalay, mit knapp einer Million Einwohnern zweitgrößte Stadt Burmas, inspirierte so unterschiedliche Künstler wie Frank Sinatra, Bertolt Brecht und Kurt Weill, das Electric Light Orchestra, Elton John oder Robbie Williams zu musikalischen Ergüssen. Da gewesen ist keiner von ihnen, auch nicht Großbritanniens liebster Kolonialdichter Rudyard Kipling, der sein wohl bekanntestes Gedicht, »Mandalay«, in Moulmein im Süden Burmas schrieb.

Inspirieren ließen sie sich ausschließlich von dem exotischen Namen.

Im Gegensatz dazu fallen die Eindrücke der Schriftsteller Somerset Maugham, der seine Reise durch das Südostasien der 1920er Jahre in dem Buch »Gentlemen in the Parlour« beschreibt, und George Orwell, der nördlich von Mandalay in Katha stationiert war, deutlich kritischer aus. Zwar liefert Orwell mit »Tage in Burma« ein böses Porträt der britischen Kolonialgesellschaft, aber auch die Burmesen kommen nicht gut weg. Sie seien generell intrigant, faul und verschlagen.

Mich jedenfalls hat immer gewundert, dass das Buch nie verboten war und einem an jeder Pagode zum Kauf angeboten wird. Wahrscheinlich hat nie ein Burmese einen Blick hinein geworfen. Alle lassen sich von dem Namen blenden. Wie eben auch bei Mandalay.

Man-da-lay. Man muss es nur oft genug aussprechen, damit man ein Bild vor Augen hat. Mandalay, ein Wort für eine romantische Sehnsucht, ein Ort, dessen Name aufgeladen ist mit Romantik und Abenteuer, ohne dass man sich etwas Genaues darunter vorzustellen vermag. Es gibt ein Hotel-Casino in Las Vegas, das Mandalay Bay heißt, obwohl es in Mandalay überhaupt keine Bucht gibt, und Kipling fabuliert vom Klingeln der Glöckchen an den Pagoden im warmen Wind, anmutigen braunen Mädchen und der Dämmerung, die wie Donner aus China über die Bucht kommt. Dabei gibt es zu China nur eine Landgrenze. Und die liegt ein paar hundert Kilometer nördlich.

Die Road to Mandalay ist steinig und staubig. Das reale Mandalay ist eine Stadt, deren Charme sich nicht auf den ersten Blick erschließt, auf den zweiten und dritten leider auch nicht. Sie ist laut, heiß und verbaut. Schnurgerade ziehen sich die nach amerikanischem System durchnummerierten Straßen von Ost nach West und von Nord nach Süd, nur selten spenden Bäume Schutz vor der sengenden Sonne.

Trotzdem kommt man nicht um Mandalay herum, da die Stadt das Nadelöhr ist, durch das man hindurchmuss, um in den Norden Burmas zu gelangen. Die günstigen Direktflüge der Billig-Airline Air Asia von Bangkok nach Mandalay (seit Oktober 2012) machen Burmas nördliche Metropole auch zum alternativen Startpunkt für Besucher, die eher den Norden des Landes erkunden wollen. Die beste Reisezeit für Mandalay ist übrigens das Ende der Regenzeit zwischen Ende August und Anfang Oktober. Zwar kann man mit einem Regentag mal Pech haben, aber es ist bei Weitem nicht so staubig und ausgedörrt wie zur Hauptreisezeit, dem europäischen Winter.

Und ja, ich muss es zugeben: Mandalay hat einzigartige Sehenswürdigkeiten, die einen Aufenthalt von ein, zwei Tagen fast zwangsläufig notwendig machen. Ich möchte allerdings den Rat geben, sich ein komfortables Hotel zu buchen, in das man sich vor oder nach dem Sightseeing zurückziehen kann. Das macht die Stadt erträglich. Sich zu Fuß zu bewegen ist zwar möglich, aber nicht erquicklich, am besten fährt man von A nach B. Neubauten chinesischen Stils prägen das Bild einer chaotischen Großstadt, deren Außenbezirke von Plastikmüll überquellen, in der Innenstadt sieht es kaum besser aus.

Die Kolonialbauten, die sehenswert gewesen wären, wurden im Zweiten Weltkrieg zerstört, die Bauten aus den 1950er und frühen 1960er Jahren sind in beklagenswertem Zustand. Der Palast ist ein ziemlich schäbiger Nachbau aus Beton mit Wellblechdächern, angestrichen mit Goldfarbe, und stammt aus den 1990er Jahren. Selbst der alte Zeygo-Markt im Zentrum der Stadt wurde abgerissen und durch einen inzwischen verkommenen Neubau ersetzt, dessen Rolltreppen nie funktionieren und dessen Aufgänge mit Betelrotz verdreckt sind. Allerdings kann man sich den Besuch ohnehin sparen. Zu kaufen gibt es hier nämlich nichts, woran man Interesse haben könnte: chinesisches Plastikspielzeug, ausgesucht hässliche Stoffe, Plastikgeschirr und Juwelen dritter Wahl. Touristen sollten sich vor Taschendieben in Acht nehmen, und, ehe ich es vergesse, auch vor dem Straßenverkehr.

Das Verbot von Mopeds in Rangun lernt man in Mandalay zu schätzen. Tag und Nacht knattern sie durch die Straßen und verpesten die ohnehin schon schlechte Luft. Die Fahrer denken übrigens nicht daran zu halten, nur weil irgendwer gerade die Straße überquert. Als Fußgänger stürzt man sich am besten todesmutig in das Getümmel, und alles geht gut, solange man sich mit gleichmäßigem Tempo bewegt. Die Fahrer berechnen die Geschwindigkeit der Fußgänger und fahren einfach um sie herum. Wer stehen bleibt, hat verloren und kommt nie wieder vom Fleck. Die beste Möglichkeit, sich mit den Mopeds zu arrangieren, ist übrigens, selbst auf einem zu sitzen – dann sind sie halb so nervig. Zum Glück bieten immer mehr Mopedbesitzer und Guides ihre Dienste mit dem Bike an.

Sagen Sie also nicht, ich hätte nicht vor Mandalay gewarnt, bevor ich jetzt zu seinen schönen Seiten komme. Tatsächlich verbindet mich mit der Stadt so etwas wie eine Hassliebe, denn jedes Mal, wenn ich hier bin, entdecke ich etwas, das mich wirklich umhaut. Ein Restaurant am Fluss, einen Aussichtspunkt, einen Sonnenuntergang, oder ich treffe einfach nur ein paar nette Leute.

Mandalay hat eine relativ junge Geschichte. Der alten Prophezeiung folgend, dass an dieser Stelle zum 2400. Jubiläum des buddhistischen Glaubens eine Stadt entstehen würde, legte König Mindon 1857 am Ufer des Ayeyarwady den Grundstein für seine neue Hauptstadt. Der Palast wurde vorwiegend aus dem Holz des alten errichtet, der in der nur wenige Kilometer entfernten Stadt Amarapura stand. Unter Strafandrohung wurden die Bewohner umgesiedelt, eine Vorgehensweise, die in Burma durchaus üblich blieb, unter den Briten ebenso wie unter der Militärregierung, zum Beispiel in Bagan oder eben in Mandalay, wo die Anwohner des Flusses in den 1990er Jahren einer neuen Uferpromenade weichen mussten.

Von 1857 bis 1885 diente Mandalay als letzte Hauptstadt des burmesischen Königreichs. König Thibaw, der Nachfolger des verehrten Königs Mindon, unter dessen Regentschaft diverse Reformen durchgeführt wurden, agierte relativ glücklos. Bei seiner Thronbesteigung hielten die Briten das untere Burma bereits seit drei Jahrzehnten besetzt, und es war kein Geheimnis, dass sie auch den Rest wollten. Die Beziehungen verschlechterten sich, als der König Anstalten machte, das Land Frankreich anzunähern. 1885 schließlich kam es zu einer Krise, welche als die »Große Schuhfrage« berühmt wurde: Der Palast hatte angeordnet, dass nicht nur burmesische Untertanen vor Betreten der königlichen Räume die Schuhe auszuziehen hätten, sondern auch Europäer. Die britischen Beamten weigerten sich und wurden aus der Hauptstadt verbannt – ein willkommener Vorwand, den König als vertragsbrüchigen Tyrannen darzustellen und die Eroberung des Landes abzuschließen.

Nach der Eroberung Mandalays am 28. November 1885 und der Plünderung des Königspalastes wurden König Thibaw und seine Familie nach Indien ins Exil geschickt und die Hauptstadt nach Rangun verlegt, nachzulesen übrigens in Amitav Goshs Sechshundert-Seiten-Schmöker »Der Glaspalast«. Im Zweiten Weltkrieg wurde Mandalay bei Kämpfen zwischen Japanern und Briten weitgehend zerstört, die Palaststadt fing Feuer und brannte bis auf die Grundmauern ab. Das Shwenandaw-Kloster (Golden Palace Monastery) ist das einzige Gebäude des gesamten Komplexes, das erhalten geblieben ist. Die Pagode, die ursprünglich die Privatgemächer und das Sterbezimmer des Königs Mindon erhielt, wurde auf Veranlassung von dessen Sohn vor die Mauern der Palaststadt versetzt und als Kloster gespendet. König Thibaw haben wir es also zu verdanken, dass der Besucher heute einen Eindruck von der Teakholz-Architektur des Palastes bekommen kann.

Weiß gestrichene steinerne Treppenaufgänge führen in das dunkle Gebäude, dessen Plattform auf unzähligen dicken Teakholzpfählen ruht. Beeindruckend finde ich jedes Mal wieder die mit zahllosen Schnitzereien verzierten Türen, Balken und Wände. Es gibt praktisch keine Stelle, die nicht mit Figuren oder Ornamenten geschmückt ist. In der Haupthalle, die eine große Buddha-Figur ziert, sind die Holzbalken und die Stützen mit Blattgold überzogen.

Mandalays bedeutendstes Heiligtum und neben dem Goldenen Felsen und der Schwedagon-Pagode eine der meistverehrten Pilgerstätten des Landes ist die Mahamuni-Pagode. Ähnlich wie an der Schwedagon-Pagode halten Händler hier für den Pilger jede Art von Opfergaben und Souvenirs bereit, von Blumen bis zum Buddha-Bild mit kitschigem Lauflicht. Die Mahamuni-Pagode beherbergt die bedeutendste Buddha-Figur des Landes. Im Lauf der Jahre wurde die bronzene Statue so häufig mit Blattgold beklebt, dass sie heute aussieht wie ein goldenes Michelin-Männchen und die meisten Körperteile nur noch zu erahnen sind. Man schätzt das Gewicht des aufgetragenen Goldes auf mehrere Hundert Kilogramm. Ein ganzes Kilo soll jedes Jahr allein von dem herunterfallenden Gold zusammengefegt werden.

Die Kuthodaw-Pagode, auch als »Das größte Buch der Welt« bekannt, wurde von König Mindon erbaut. In über 700 etwa drei Meter hohen Mini-Stupas stehen Steinplatten mit der Tipitaka, der Lehre des Theravada-Buddhismus. Steinmetze benötigten über sieben Jahre, um den Text in die Tafeln einzumeißeln. Wände und Säulen der Gänge, die durch die Pagode führen, sind mit herrlichen Spiegelmosaiken ausgelegt.

Am Eingang kann man oft eine gehbehinderte, alte Dame mit leuchtend blauen Augen treffen, die aufgrund ihrer Behinderung ihren Beruf als Englischlehrerin nicht mehr ausüben kann. Dafür kann sie ganz wunderbar und amüsant erzählen. Über ihren Vater, den ehemaligen britischen Kolonialbeamten, und über Burma, wie es früher war. Von ihr erfahren Sie mehr über das Land als aus Hochglanzbroschüren. Nehmen Sie sich Zeit für sie, und lassen Sie ihr eine kleine Spende da. Denn ihre Geschäfte laufen nicht so besonders.

»Die meisten Guides«, so beschwert sie sich, »treiben die Touristen ja durch die Sehenswürdigkeiten wie Vieh.«

Interessant ist auch das ebenfalls aus Teak erbaute Kloster Shwe In Bin, das heute von knapp vierzig Mönchen bewohnt wird. Am schönsten ist Mandalay übrigens am Fluss. Zwischen der 22. und der 26. Straße gibt es mehrere schattige Aussichtspunkte und Restaurants, von denen aus man das Leben auf dem Fluss beobachten kann. Ein eiskaltes Myanmar-Bier bei Sonnenuntergang am Ayeyarwady – das macht Mandalay wirklich einzigartig.

Amarapura und der Süden von Mandalay

Die Speisung der Mönche im Mahagandayon-Kloster im südlich von Mandalay gelegenen Amarapura ist zwar ein Ereignis, bei dem gefühlt ebenso viele Busreisende wie Mönche antreten, aber dennoch beeindruckend. Das 150 Jahre alte Kloster ist ein berühmtes Lehrzentrum. Dort leben über tausend Mönche, die täglich um 10:15 Uhr in einer lange Reihe geduldig warten, um ihre Tagesmahlzeit in Empfang zu nehmen.

Die meistfotografierte Sehenswürdigkeit Amarapuras ist die etwa 1,2 Kilometer lange U-Bein-Brücke. Sie wurde aus über tausend Teakholzstämmen erbaut, die teilweise aus den Trümmern der nahegelegenen Königsstadt Inwa stammen. Am besten besichtigt man zuerst Inwa und dann die grünen Hügel von Sagaing mit seinen Klosteranlagen auf der gegenüberliegenden Flussseite, bevor man am späten Nachmittag zur Brücke zurückkehrt. Zum Sonnenuntergang fahren Fischer gern Touristen auf den See hinaus, und sie wissen inzwischen ganz genau, von wo man die schönsten Fotos von der Brücke machen kann. Im Licht der untergehenden Sonne erscheinen die U-Bein-Brücke und die Menschen, die sie überqueren, wie ein Scherenschnitt aus Künstlerhand –

ein vielfach reproduziertes Postkartenmotiv, das mit dem Sonnenuntergang auf dem Mandalay Hill konkurriert, der im Vergleich allerdings noch besser abschneidet: Der 240 Meter hohe Berg im Nordosten der Stadt bietet einen spektakulären Panoramablick vom Fluss über die Stadt bis zu den Bergen des Shan-Staates. Einfach magisch!

Die grünen Hügel von Sagaing sind allemal einen Ausflug wert. Es ist erstaunlich, wie friedlich und entspannt die Atmosphäre nur knapp zwanzig Kilometer südlich des hektischen Mandalay ist. Mit sechshundert Klöstern und Pagoden ist Sagaing eines der größten religiösen Zentren des Landes. Hierher ziehen sich die Nonnen und Mönche zur Meditation zurück, auch eine buddhistische Universität, an der viele Ausländer sich ausbilden lassen, gibt es hier. Den Besucher erwarten Tempel inmitten der Natur.

Mit einem Taxi oder Moped ist Sagaing schnell erreicht. Bei Inwa, ebenfalls eine ehemalige Hauptstadt, die in kaum einem Besichtigungsprogramm fehlt, geht es auf einer riesigen, modernen Brücke gleich neben der alten U-Bein-Brücke über den Ayeyarwady, und schon sieht man im Grün der Hügel die weißen Klosteranlagen.

Eine der bekanntesten Pagoden ist die U Min Thonze oder »Pagode der dreißig Höhlen«. Ein kurzer Aufstieg durch einen überdachten Zugang führt zu einer Plattform mit weißem Marmorbelag. In einem halbkreisförmigen Gang stehen hier fünfundvierzig überlebensgroße Buddha-Figuren. Die Soon-Oo-Pon-Nya-Shin-Pagode bietet dem Besucher einen atemberaubenden Blick auf den Ayeyarwady und die Hügellandschaft. Im Innern der Anlage sind eine große goldene Stupa, einige Gebetshallen und die etwa sechs Meter hohe Figur eines sitzenden Buddhas zu bewundern.

24 Kilometer südlich von Mandalay liegt die Stadt Paleik, Heimat der wundersamen Schlangenpagode. 1977 stieß ein rodender buddhistischer Mönch an diesem Ort auf eine zerstörte Pagode und fand darin eine Buddha-Statue. Um die Statue ringelten sich drei große Pythons, seither ist der Ort im ganzen Land als Schlangenpagode bekannt. Zunächst fütterte man die Schlangen alle fünf Tage mit einem Napf Milch und drei Eiern. Heute werden sie auf tierärztlichen Rat mit Ziegenfleisch verwöhnt – wegen der Proteine. Außerdem werden sie tagtäglich um elf Uhr gebadet. Pilger aus ganz Burma reisen hierher, um den Schlangen ihre Ehrerbietung zu erweisen, denn nach buddhistischem Glauben verdienen auch Tiere aufgrund ihrer Verdienste in früheren Leben unsere Pflege und Aufmerksamkeit. Ein beliebtes Fotomotiv ist es, wenn Babys zwischen den Tieren abgelegt werden. An Stelle der Eltern würde ich den Pythons nicht trauen, aber vermutlich sind sie durch das viele Ziegenfleisch so träge, dass keine Gefahr droht.

Taungbyone – Das Fest der Geister

Das kleine Dorf Taungbyone liegt knapp zwanzig Kilometer nördlich von Mandalay zwischen grünen Reisfeldern am Fuß der Hügel, die sich im Osten zu den wolkenverhangenen Bergen des Shan-Plateaus erheben, im Westen begrenzt der Ayeyarwady die Ebene, ein wunderbarer Ausblick, den man am besten bei Sonnenuntergang aus der Vogelperspektive vom Mandalay Hill genießen kann. Schon von hier kann man im Monat Wagaung (August/September) vor dem Vollmond, wenn die Flüsse angeschwollen sind und der Wind Schäfchenwolken über den Himmel treibt, die Autos erkennen, die alle nur ein Ziel haben: das einwöchige jährliche Pagodenfestival von Hsu Taung Pyae, der Wunsch erfüllenden Pagode, besser bekannt als das Taungbyone Nat Festival. Dann verwandelt sich Taungbyone in eine bizarre Kultstätte mit Hunderttausenden von Besuchern.

»Das ist pures Mittelalter!«, haben mich Bekannte aus Rangun gewarnt, und: »Wenn es regnet, verwandelt sich alles in eine Schlammwüste. Nimm dir bloß ein Auto!«

Genau davon rät mein Guide ab. Es würde Stunden dauern, mit dem Auto durchzukommen. Soe Moe hat eine etwas unheimliche Ähnlichkeit mit dem vietnamesischstämmigen deutschen Wirtschaftsminister, nur dass er viel cooler gestylt ist. Stellen Sie sich Dr. Rösler braun gebrannt, fünfzehn Jahre jünger, in einem Longyi und mit verspiegelter Pilotenbrille vor. Leichte rote Ränder an den Schneidezähnen verraten ihn als gelegentlichen Betelkauer, aber noch ist sein Gebiss in Ordnung. Ganz abgesehen davon, dass ich schlechte Zähne immer anstarren muss, hätte ich wenig Lust, mich auf das Moped eines zugedröhnten Fahrers zu schwingen. Denn Soe Moe schlägt vor, sein Bike zu benutzen, dann könne der erwartete Stau uns völlig egal sein.

Es ist gerade mal halb zehn, als wir die Stadt verlassen, vorbei an einem Konvoi von Fahrzeugen bestehend aus allem, was Räder hat, von der Deluxe-Limousine bis zu alten Bussen aus dem Zweiten Weltkrieg. Stockend schiebt sich die Autoschlange entlang der schmalen Straße, die nach Taungbyone führt. Die meisten Burmesen fahren mit dem Pick-up, auch ein Zug hält irgendwo mitten auf dem Feld und spuckt Tausende von Feierwütigen aus. Ich bin zu meiner Überraschung der einzige Europäer. Uns entgegen kommen die Nachtschwärmer, singend und offenbar nicht nüchtern. Manche bleiben gleich die ganze Woche da, um zu feiern, verrät Soe Moe. Wir parken in sicherer Entfernung.

Bunte Süßigkeiten und Drinks, Menschenmengen, die sich durch Verkaufsstände schieben – noch herrscht eher Jahrmarktatmosphäre als spirituelle Erleuchtung, doch das ändert sich schnell, als wir das Gelände der Pagode betreten und es heißt: Schuhe ausziehen. Dann weiß man, es wird ernst.

»Wenn wir uns verlieren, treffen wir uns am Moped«, ruft Soe Moe mir zu, den die Menschenmenge von mir wegschwemmt. Als ob ich mich erinnern könnte, wo das steht. Ich drängle, schiebe und quetsche, bis ich mich in Soe Moes Windschatten befinde, und bekomme dabei ein paar Blumensträuße ins Gesicht, mit denen die Leute herumfuchteln. Ein enger Gang und eine Treppe versetzen mich kurzfristig in klaustrophobische Panik, dann stehen wir vor einer vier Meter hohen Buddha-Statue aus Bronze, die es mit dem Blumengebinde zu berühren gilt. Es bringt Glück, wenn man den Strauß mit nach Hause bringt. Soe Moe deutet auf zwei Löcher im Mauerwerk. Die beiden fehlenden Ziegel stehen für die beiden Nat-Prinzen Byat Wi und Byat Ta, die hier verehrt werden.

Soe Moe gibt mir eine kurze Einführung in den mythologischen Hintergrund und ich ahne, dass er mich ziemlich begriffsstutzig findet, als ich mehrfach nachfragen muss. Die Legende, wie es zu den beiden Löchern in der Wand kam, bietet einen Einblick in die verwirrende Welt des Spirituellen, die in Burma manchmal genauso gegenwärtig zu sein scheint wie die sichtbare: Zwei Babys wurden in einem Korb an Land geschwemmt, nachdem sie mutmaßlich einem Schiffbruch entkommen waren. Von einem Eremiten aufgezogen und unterrichtet, erwarben sie übernatürliche Kräfte, als sie vom wohlriechenden Fleisch eines toten Zauberers naschten, dessen leckeren Leichnam sie eigentlich dem König bringen sollten.

Plötzlich konnten sie über Bäume springen und mit Pagoden jonglieren. Allerdings missbrauchten die beiden ihre neu gewonnenen Kräfte schon bald zu Raub und Plünderungen. Dem älteren wurde eine fatale Liebschaft zur Tochter des Statthalters des Königs zum tödlichen Verhängnis: Der Vater neutralisierte die übernatürlichen Kräfte des Liebhabers seiner Tochter mit verzauberter Unterwäsche und ließ ihn hinrichten. Dem jüngeren, Byat Ta, gelang es zu fliehen, und er verliebte sich in die Blüten essende Dämonin Mei Wunna am Mount Popa, die ihm zwei Söhne gebar, die zu charmanten, aber eher unzuverlässigen Höflingen heranwuchsen.

Als der König, ein anderer inzwischen, verlangte, seine Untertanen sollten eine Pagode erbauen, waren die beiden nicht rechtzeitig mit ihrem Baumaterial zur Stelle, wurden hingerichtet und verwandelten sich – logischerweise – in Nats. Deshalb die fehlenden Ziegel.

Sowohl die beiden jüngeren Brüder – nachdem ich das Ganze mehrfach nachgelesen habe, glaube ich, die Zusammenhänge einigermaßen verstanden zu haben, und weiß auch, warum Soe Moe immer von den »jüngeren« Brüdern redete – als auch ihre Mutter, die Dämonin mit der Blütendiät, kann man hier in Taungbyone übrigens als Abbildungen auf Plastikfächern finden. Ihre Kostüme sehen aus wie aus Krippenspielen an deutschen Grundschulen.

In einer an den Tempel anschließenden Gebetshalle wird heute zwei Statuen der jüngeren Brüder gehuldigt. Zu Trommelschlägen tanzen sich Hunderte von Burmesen am Eingang des Tempels in Trance und werfen ekstatisch die Arme in die Luft. Jedesmal, wenn die Musik stoppt, heulen sie auf.

Noch exotischer wird es in einer anschließenden Zeltstadt, die von Astrologen, Wahrsagern und Transvestiten bevölkert wird. Dass die Nats Transvestiten als Medien bevorzugen, ist eine ganz natürliche Entscheidung, schließlich lieben sie alles, was bunt ist und glitzert. Deshalb ist man auch angehalten, sich eines der bunten Tücher aus Tüll umzubinden, die überall verkauft werden, um das Wohlgefallen der Nats zu erregen.

Anfangs scheinen Soe Moe die *Nat kadaws,* die Bräute der Geister, etwas peinlich zu sein, aber als er feststellt, dass ich ihr Treiben interessant finde, nehmen wir die Einladung eines rundlichen Burmesen aus Singapur an, der jedes Jahr anreist, um seinem Lehrmeister zu huldigen. Bei einem leckeren Fischcurry dürfen wir beiwohnen, wie der Lehrmeister, genannt »der Gouverneur«, seine Kostüme für »die Konferenz« auswählt, gewissermaßen eine Sitzung der irdischen Vertreter der Nats. Er wedelt mit dicken Goldarmbändern, um seine Zustimmung oder Ablehnung kundzutun, die sorgfältig manikürten Fingernägel sind mindestens drei Zentimeter lang.

»Indian Style«, kommentiert Soe Moe kennerisch eine üppig-flamboyante Drag Queen in leuchtend blauem Perlengewand, die im Nachbarzelt zur Musik einer Band mit verschiedenen Trommeln und quakenden Flöten tanzt. Eine graue, kleine Frau, die aussieht wie ein Frettchen im Sari, singt dazu und zieht ein missmutiges Gesicht. Ihr scheint klar, dass sie hier nur eine Nebenrolle spielt. Als die Vorstellung vorbei ist, sammelt die Tänzerin Geld und küsst die Spender. Das bringt Glück, wie alles hier.

Beim nächsten Auftritt behauptet Soe Moe, die Musik sei wirklich gut, und fängt verdächtig an mitzuwippen.

Bevor ich ihn ans Tanzen und eine der Nat Kadaws verliere, ist es Zeit für »die Konferenz«.

Zu Füßen zweier lebensgroßer Statuen sitzen diverse Priester und Medien in unfassbaren Kostümen mit Kronen und Schärpen in Weiß und Rosa und performen eine Art Säbeltanz, danach geht es ums Geld. Generell gilt: Je mehr Geld man spendet, desto mehr Glück hat man im nächsten Jahr. Eines der Medien schreitet durch die Menge, in den Händen dicke Bündel von Geldscheinen, gefolgt von zwei üppigen älteren Damen in Giftgrün und Orange.

»Generalsgattinen«, meint Soe Moe und deutet auf ihre Gucci-Taschen. »No Copy-Bag.«

Als das Medium die Geldscheine in die Luft wirft, bricht eine Art Tumult aus. Jeder will einen der Glück verheißenden Scheine ergattern. Auch ich kämpfe mit Ellenbogen und blecke meine Zähne zu einer dämonengleichen Fratze, als ein Jugendlicher versucht, mir einen Schein streitig zu machen, auf den ich bereits den Fuß gesetzt habe.

Das wirkt, und letztlich hat sich die Konferenz für mich gelohnt: Für einen Einsatz von tausend Kyat in die Kollekte habe ich achthundert in glückverheißendem Kleingeld zurückbekommen.

Je später der Abend, desto mehr entgleist schließlich die Atmosphäre. Die Gläubigen übermitteln ihre Wünsche den Medien, die vor den Statuen in verschiedenen Zuständen der Hingabe, Trance und Besessenheit tanzen; Alkohol und Betel tun ein Übriges, um dem Fest den Charakter einer heidnischen Orgie zu verleihen. Männer würden hinter den Zelten Sex mit Geisterbräuten haben, warnt Soe Moe, und das möchte er mir doch nicht zumuten.

Auf der Rückfahrt nach Mandalay ist es dann ganz still, keine Straßenbeleuchtung, nur der Vollmond glitzert auf den Kanälen in den Reisfelder, die Palmen schwarze Schattenrisse am Himmel. Soe Moe hat mir von seiner Leidenschaft für Karaoke erzählt und beginnt nun burmesische Liebeslieder zu singen, die er für mich ins Englische übersetzt: »O mein goldener Liebling, kaum kann ich die Zeit ertragen, wo wir getrennt sind, wann kommst du zu mir zurück?«

Irgendwie sind die Menschen doch überall gleich. Soe Moe hat eine schöne Stimme, in der Ferne sehe ich die beleuchtete Pagode auf dem Mandalay Hill, der warme Fahrtwind spielt mit meinem Haar.

Pyin Oo Lwin – Herrliche Sommerfrische

Eigentlich erwarte ich nichts Besonders, als ich in einem Restaurant auf das Sammeltaxi warte, das mich für ganze sieben Dollar aus der Gluthitze von Mandalay in die Berge bringen soll. Auf der Straße kläfft ein Rudel beigefarbener Viecher, die keine Rasse haben, sondern einfach nur Hund sind, und suhlt sich im Staub. Neben mir fegt ein Mann mit einem Federmopp provozierend langsam Krümel von einem Tisch. Unter der Decke flappt ein alter Ventilator, der keinerlei Erleichterung bringt. Mir ist nur heiß, und ich will weg.

Nach einem längeren Aufenthalt in der Ebene zwischen Bagan und Mandalay kommt irgendwann der Punkt, an dem man erschöpft ist von Staub und Hitze, ganz egal, wie viele Pagoden und Paläste dort herumstehen. Man möchte spazieren gehen, durchatmen, Fahrrad fahren, Golf spielen, draußen sitzen – Beschäftigungen eben, denen man in gemäßigtem Klima nachgehen kann. Die Erfüllung solcher europäischer Träume liegt gerade mal eine Autostunde von Mandalay entfernt und heißt Pyin Oo Lwin.

In dem Taxi riecht es nach einer Mischung aus Durian (einer der Mitfahrer hievte einen ganzen Korb davon in den Kofferraum), Jasmin (der Fahrer hatte Blumengirlanden um den Rückspiegel geschlungen), Betel (ein weiterer Mitfahrer döste mit einem Klumpen in der Backentasche auf der Rückbank) und Benzin. Nur ein paar Kilometer außerhalb der Stadt schraubt sich das Auto langsam die Berge hinauf, und Mandalay versinkt im Dunst, während die Temperaturen stetig fallen, immerhin liegt Pyin Oo Lwin tausend Meter über dem Meeresspiegel. An Ständen am Straßenrand werden Erdbeeren und Äpfel verkauft. Es fühlt sich an wie ein Sommertag in Europa.

Kein Wunder, dass die Briten das damalige Maymyo, benannt nach einem Colonel May und dem burmesischen Wort Myo für Stadt, zu ihrer liebsten Sommerfrische erkoren hatten und ihre Administration während der heißen Jahreszeit in die Berge verlegten. Zahlreiche Bauten im kolonialen Stil wie das berühmte und heute als Hotel genutzte Candacraig oder der Craddock Court am Beginn der Burma Road, einer im Zweiten Weltkrieg strategisch wichtigen Nachschubstraße, die Burma mit der südchinesischen Provinz Yunnan verband, erinnern an die Vergangenheit der Stadt als »Hill Station«. Noch heute leben hier zahlreiche Nachfahren von indischen Militärangehörigen und nepalesischen Gurkhas.

»Die Briten haben wenigstens etwas hinterlassen hier«, meint der Fahrer und deutet auf die Kirche der unbefleckten Empfängnis, die unter schattigen Bäumen inmitten der Stadt steht, umgeben von einem Ensemble weiterer britisch anmutender Bauten. »Was haben wir heute von den Chinesen? Die wollen nur alles rausholen hier. Gas, Wasser, Edelsteine. Die Chinesen sind wie Schweine!«

Zur Bekräftigung rotzt er lautstark aus dem Fenster, eine Angewohnheit, die er übrigens mit vielen burmesischen Männern teilt. Chinesen werden von vielen Burmesen nicht gemocht – gerade wegen ihres rüpelhaften Benehmens gegenüber den Einheimischen. Staatsvertragsarbeiter, Geschäftsreisende, vor allem aber illegale Einwanderer: Immer mehr Chinesen bevölkern Burma. Und die Spannungen im Schatten des politischen Umbruchs wachsen.

Der Taxifahrer erzählt die Geschichte, wie ein chinesischer Kunde es gewagt habe, einen schlafenden Kollegen mit dem Fuß anzutupsen. Ausgerechnet mit dem Fuß, dem unedelsten Körperteil für alle Burmesen, man stelle sich das vor! Der Mann musste von der Polizei vor aufgebrachten Taxifahrern geschützt werden. »Wenn die Chinesen so weitermachen und weiterhin so rüde sind, wird das irgendwann in Gewalt umschlagen«, fürchtet der Fahrer und spuckt wieder aus. Chinesen-Bashing ist groß in Mode.

Jetzt kommen wir an meinem Hotel an, leider keine koloniale Villa, sondern moderne Bungalows, aber mit hübschen Vorgärten. Pyin Oo Lwin verfügt über zahlreiche Übernachtungsmöglichkeiten in allen Preislagen, und die meisten sind angenehm gepflegt.

Alles ist hier in Lauf- oder vielmehr in Kutschenweite. Wer mag, kann sich von Gharrys durch die Stadt kutschieren lassen, aber bei dem milden Klima und den moderaten Höhenunterschieden bietet es sich an, ein Fahrrad zu mieten.

Neben dem Purcell-Tower, einem Geschenk Königin Viktorias, dessen Glockenspiel sich an demjenigen von Big Ben orientiert, gibt es diverse Pagoden und Moscheen zu sehen, aber die historische Atmosphäre der Stadt, die an manchen Stellen wirkt wie ein Freilichtmuseum, ist die eigentliche Attraktion, auch für die Burmesen. Prächtige Villen belegen: Hier fühlt sich die High Society wohl.

Sehenswert ist der Kandawgyi Garden, eine Mischung aus Park und Botanischem Garten, der während des Ersten Weltkriegs von türkischen Kriegsgefangenen an einem See im Südosten der Stadt angelegt wurde. In den künstlichen Biotopen kann man schwarze Schwäne, rote Enten, Pfauen und 480 verschiedene Pflanzen sehen. Ein spezieller Orchideengarten zeigt in Burma vorkommende Arten.

Neben zahlreichen neuen Restaurants und Guesthouses, die an der quer durch die Stadt führenden Lashio Road liegen, hat besonders das Restaurant Club Terrace einen guten Ruf. Auf der Terrasse einer Kolonialvilla inmitten eines Gartens wird thailändische Küche serviert. Das Restaurant Feel liegt direkt am See, und am Abend weht hier oft eine erfrischende Brise. Beide Restaurants befinden sich in der Nähe des Golfplatzes. Der Golf Course mit achtzehn Löchern ist übrigens einer der beliebtesten des Landes. Ohnehin ist Golf in Burma sehr beliebt, speziell die Militärs scheinen die Vorliebe von ihren britischen Vorgängern übernommen zu haben. Mit Hunderten von Golfplätzen könnte das Land sich zu einem Paradies für Golfspieler entwickeln.

Die angenehme Umgebung macht Pyin Oo Lwin zu einer beliebten Kulisse für Foto-Shootings, und auch die erste burmesische Seifenoper nutzt die Stadt gern als

Kulisse. Gedreht wird hier übrigens mit deutlich weniger Aufwand als in westlichen Ländern. Wundern Sie sich also nicht, wenn Sie im Restaurant höflich gebeten werden, einen anderen Tisch zu nehmen, oder wenn herzzerreißend weinende Frauen aus einer Tür kommen. Wahrscheinlich wird gerade gedreht.

Wer weiter nach Lashio möchte, nimmt am besten den Zug. Auf dieser Strecke liegt der Gokteik-Viadukt, ein Highlight nicht nur für Eisenbahnfreunde. Die um 1900 erbaute Brücke war einst die zweithöchste der Welt und ist eine ingenieurtechnische Meisterleistung der amerikanischen Pennsylvania Steel Co. Sie ist 700 Meter lang und hat mehr als hundert Jahre fast ohne Wartung überstanden. Die Fahrt ist ein Abenteuer für sich. Nach zwei Stunden – die Waggons des Zuges sind ein Geschenk aus Nordkorea und entsprechend verkommen – kriecht und ächzt der Zug in einer langgezogenen Linkskurve auf den Viadukt zu, und plötzlich öffnet sich ein dreihundert Meter tiefer Abgrund. Bevor er ihn überquert, stoppt der Zug ein paar Minuten zum Runterschalten – die Gelegenheit für das Foto, wegen dem zumindest alle Touristen hier sind. Dass das Fotografieren aus »Sicherheitsgründen« verboten ist, wird von Uniformierten großzügig übersehen, die entspannt in eine Richtung blicken, in der nichts Verbotenes passiert. Dann überquert der Zug die Schlucht im Schritttempo. Man will der altersschwachen Konstruktion nicht zu viel zumuten, vor allem keine Vibrationen, und dieser Umstand macht das Ganze etwas unheimlich.

An der nächsten Station kann man aussteigen und mit dem Auto weiterfahren. Das ist komfortabler und schneller.

Im Shan-Staat – Einbeinfischer und die Blume des Bösen

Fast ein Viertel der Fläche Burmas bedeckt der Shan-Staat nordöstlich von Mandalay, mit der gebirgigste Teil des Landes. Man biegt um eine Kurve oder überquert eine Passstraße und ist immer wieder überrascht von den pittoresken Postkartenansichten, die unvermittelt vor einem liegen. Der Shan-Staat ist ein Paradies für Naturliebhaber, für Trekkings und ausgedehnte Wanderungen. Viele Gebiete waren jedoch aufgrund der Auseinandersetzungen zwischen Rebellenarmeen und der regulären Armee viele Jahrzehnte für Reisende gesperrt, von daher ist es in jedem Fall sinnvoll, sich zu erkundigen, welche Gebiete inzwischen – auch mit Sondergenehmigung – wieder zugänglich sind.

Am Inle-See

Inmitten einer Bilderbuchlandschaft liegt auf neunhundert Metern Höhe einer der landschaftlich schönsten Orte Südostasiens: der 22 Kilometer lange und zehn Kilometer breite Inle-See, umschlossen von bis zu zweitausend Meter hohen Bergen.

In den ersten Morgenstunden ist es hier geradezu ergreifend schön, sei es, wenn die Sonne sich an einem strahlend blauen Himmel hinter den Bergen erhebt, oder auch im häufig vorkommenden Nebel, dessen Schwaden lautlos über den See ziehen und sich später auflösen. Gerade der rasche Wetterwechsel lässt den See immer wieder in neuem Licht und neuen Stimmungen erscheinen.

Wo eben noch sattes Grün leuchtete, verwandeln plötzlich heraufziehende Wolkentürme die Berge in düstere Schatten, und Regenwände schieben sich wie riesige Vorhänge vor das Panorama. Zum Glück haben die Boote Regencapes und Schirme dabei. Damit kann auch ein Regenschauer das erhebende Gefühl verleihen, der Natur und den Elementen zu trotzen.

Wenn Sie nicht ohnehin in einem Resort auf dem See wohnen und dort den Sonnenaufgang genießen können, nehmen Sie sich, sobald die Sonne aufgeht, eine Trishaw, kaufen auf dem Markt ein wenig Proviant ein und lassen sich zur Anlegestelle bringen. Der Preis für die Boote wird übrigens nicht nach Zeit, sondern nach Entfernung berechnet.

Die Fischer des Inle-Sees sind wahrscheinlich die meistfotografierten der Welt: Auf einem Bein am Heck ihres flachen Kahns balancierend, schlingen sie das andere Bein um das Paddel und versetzen ihm kräftige Stöße. So haben sie meist beide Hände frei, um ihre kegelförmigen, reusenartigen Fischkörbe aus Bambus auszuwerfen und einzuholen. Der Ruderer mit dem Strohhut vor den dunstig-blauen Shan-Bergen ist das legendäre Bild, das jeder hier knipsen möchte, und wer früh genug aufsteht, wird nicht enttäuscht.

Allerdings sind die Fischer auch ein Beispiel dafür, wie malerisch Elend sein kann. Schließlich wünscht man sich, dass die Leute wenn schon arm, dann wenigstens glücklich sind. Solange die Sonne scheint und man durch den Sucher einer Kamera blickt, sieht ihr Leben dekorativ aus, die Realität ist leider ziemlich trist.

Das musste ich erfahren, als ich ein kleines Porträt über das Leben der Fischer drehen sollte. Da man diese natürlich nicht anrufen kann, fuhr unser Team einfach mit einem ortskundigen Guide bei Sonnenaufgang auf den See hinaus, und wir fingen an zu drehen, ohne die Beteiligten vorher groß um Erlaubnis zu fragen. Bereitwillig zeigte uns ein junger Fischer seine Rudertechnik und wie er in der Reuse mit einer Art Dreizack herumstocherte, um die Fische aufzuscheuchen. Nach diversen Versuchen und einer halben Stunde hatte er einen kleinen Fisch gefangen.

Normalerweise macht man sein Foto und fährt weiter. Bei dem anschließenden Interview musste ich jedoch erfahren, dass er für ein Kilo Fisch auf dem örtlichen Markt gerade einmal umgerechnet 1,50 Euro bekommt, und auch die Frage, ob er denn seinen Beruf trotzdem liebe, beantwortete er aus romantisierender Touristensicht wenig zufriedenstellend: Da er keine Schulbildung habe und weder lesen noch schreiben könne und auch niemals genug Geld verdienen werde, um in ein größeres Boot zu investieren, bliebe ihm bis an sein Lebensende gar nichts anderes übrig, als auf diese Art und Weise Fische zu fangen und in einer schäbigen Bambushütte am Ufer zu wohnen. Ich kam mir plözlich ziemlich oberflächlich und schlecht vor. Daran änderte auch die kleine Spende nichts, die wir ihm für seinen Zeitaufwand zukommen ließen. Eine zu große Spende, so hatte der Guide gewarnt, würde ihn nur dazu verleiten, nicht mehr zu arbeiten und die Touristen anzubetteln.

Der Fischer glitt mit seinem Boot davon, und das Plätschern springender Fische und die Rufe der Vögel mischten sich mit buddhistischen Gesängen, die ein Lautsprecher vom Mya-Thein-Than-Kloster herübertrug, das sich am östlichen Ufer wie ein Zauberschloss im Wasser spiegelt – und mit dem Knattern der Außenborder der Touristenboote.

Und davon gibt es jede Menge, schließlich gehört der Inle-See zu den bekanntesten Reisezielen Burmas. Das ursprüngliche Leben der Fischer und Bauern spielt sich heute eher am Südende des Sees ab, wohin es die Tagestouristen meist nicht schaffen. Das einst verschlafene Dorf Nyaung Shwe, knapp sieben Kilometer vom Nordende des Sees entfernt und mit dem See durch einen Kanal verbunden, ist inzwischen ein geschäftiger Traveller-Treffpunkt mit diversen Guesthouses und Hotels, einer Pizzeria mit leckerer hausgemachter Pasta und Internet-Cafés. Der morgendliche Markt und die Restaurants zu beiden Seiten der Hauptstraße sind durchaus einen Besuch wert. Wer es edler mag, kann im Restaurant View Point am Kanal dinieren.

Stimmungsvoller, aber auch einsamer ist es jedoch in jenen Resorts, die direkt in den See oder an sein Ufer gebaut sind, in denen man allerdings auch auf Bars und Nachtleben verzichten muss. Die meist hölzernen Bungalows und Villen sind durch Stege verbunden und haben ein Restaurant im Haupthaus. Der Anleger in Nyaung Shwe ist der Ausgangspunkt, um zu diesen Hotels zu gelangen, und ebenso für Touren auf dem See.

Etwa siebzigtausend Intha leben um den See – oder auf ihm, denn wo der breite Schilfgürtel am Ufer aufhört und wo der See anfängt, ist nicht auszumachen. Bekannt sind die Intha nicht nur für ihre seltsame Rudertechnik, sondern auch für ihre Stelzendörfer, die im flachen Wasser stehen, und für ihre schwimmenden Gärten, in denen dank des milden Klimas gleich mehrfach im Jahr Tomaten, Bohnen, Auberginen und andere Früchte geerntet werden können.

Doch warum »schwimmende Gärten«? Wild wachsende Wasserhyazinthen bilden im Lauf der Zeit einen natürlichen Teppich, in dessen Wurzeln sich fruchtbarer Schlamm zu einer Erdschicht verdichtet und schließlich in Humus verwandelt. Auf diesem außerordentlich fruchtbaren »Boden« legen die Intha ihre schwimmenden Gärten an. Zum Bau der Umfassungen werden wiederum Wasserhyazinthen verwendet. Nachteil der Gärten ist, dass sie nur vom Boot aus gepflegt werden können.

Auch für ihr Kunsthandwerk sind die Intha bekannt. Das Dorf Inpawkhon, mitten im See gelegen, ist berühmt für seine Webarbeiten. Schon von Weitem ist das Klappern der altertümlichen Holzwebstühle zu hören, die noch von Hand bedient werden. Neben der Seidenweberei versteht man sich hier auch auf die Verarbeitung der Lotusfaser.

Die den Buddhisten heilige Wasserpflanze ist Lieferant der exklusivsten und seltensten Naturfaser der Welt. Während aus dem edlen Lotusstoff früher ausschließlich die Roben für hochrangige Mönche hergestellt wurden, kann man heute auch Schals aus dem kostbaren Material kaufen. Teuer für hiesige Verhältnisse, günstig im Vergleich zu den Produkten des einzigen westlichen Abnehmers dieser kostbaren Naturfaser: Das italienische

Luxusgüterunternehmen Loro Piana fertigt aus Lotusstoff maßgeschneiderte Sakkos zum Preis von 5000 Euro aufwärts. Der Grund für den hohen Preis ist die schwierige und aufwendige Gewinnung der Stofffaser.

Auf Feldern rund um den Inle-See werden die Blätter zu Ende der Regenzeit geerntet und gesammelt. Neben der touristischen Verwertung der Faser, die meist in Souvenirshops auf dem See sattfindet, ist südlich davon eine kleine Industrie rund um den Lotus entstanden. Mit geduldigen Bewegungen schlitzen am Boden sitzende Frauen die bis zu zwei Meter langen Stängel der Lotuspflanze auf, ziehen hauchdünne Fasern heraus, wässern sie und legen sie zum Trocknen aus, um später aus ihnen Fäden zu spinnen, die vor Ort zu Schals verwoben oder eben als kostbare Meterware nach Italien exportiert werden. Die Fasern müssen innerhalb eines Tages verarbeitet werden, sonst sind sie unbrauchbar. Für einen Meter Stoff braucht es die Fasern von etwa 32 000 Lotusstängeln. Das erfordert monatelange Handarbeit.

Sonderlich auffällig ist der edle Stoff allerdings nicht. Er erinnert an naturfarbene Rohseide oder Leinen, dafür hat er interessante Trageeigenschaften. Er ist nicht nur absolut knitterfrei, sondern dank winziger, isolierender Luftkammern in den Fasern wärmt er bei Kälte und ist bei Hitze angenehm kühl. Von daher ist die Lotusfaser perfekt für das hiesige Klima geeignet. So warm es am Tag ist, nachts und in den Morgenstunden kann es empfindlich abkühlen.

Eine Attraktion, die kaum ein Besucher auslässt, sind die springenden Katzen des Klosters Nha Hpe Chaun am Westufer des Sees, das ursprünglich eine Art Zufluchtsort für herrenlose Katzen war. Die Mönche brachten ihren vierbeinigen Freunden bei, für einen Leckerbissen durch erstaunlich kleine Bambusreifen zu springen, die sie hochhalten. An sich nicht besonders aufregend, doch gelten Katzen als besonders schwierig zu dressieren. Was früher eine kontemplativer Zeitvertreib für Mönch und Tier war, ist heute eine Touristenattraktion mit wenig Charme. Hunderte von Touristen warten auf die viertelstündlich stattfindenden Shows, welche die Mönche inzwischen outgesourct haben. Sie klingeln nur noch mit dem Glöckchen, um die Tiere zusammenzurufen, die Tricks selbst führen Angestellte vor.

Ein paar Kilometer nördlich von Nyaung Shwe kann man die ehemalige Residenz des letzten örtlichen Shan-Prinzen und ersten Präsidenten Burmas, Sao Shwe Thaik, besichtigen. Heute ein Museum, macht der Palast leider einen etwas heruntergekommenen Eindruck. Wer sich für das Leben in den Shan-Staaten vor der Machtübernahme des Militärs interessiert, dem sei »The White Umbrella« von Patricia Elliott empfohlen. Das Buch erzählt die Geschichte von Thaiks Gattin Sao Hearn Hkam als Prinzessin von Yanghwe, Widerstandskämpferin und später Exilantin in Kanada.

Auch die Memoiren der gebürtigen Österreicherin Inge Sargent, »Mein Leben als Shan-Prinzessin«, sind ausgesprochen spannend. Sargent war mit dem Saopa von Hsipaw verheiratet, der während des Putsches verschleppt und vermutlich umgebracht wurde.

Der Inle-See und Nyaung Shwe eignen sich als Ausgangspunkt für diverse Trekkings und Tagesausflüge in die Umgebung. Viele Guesthouses und Hotels bieten geführte Touren über einen oder mehrere Tage an. Dabei kommt man zu dem Pagodenfeld von Kakku, Höhlen, Klöstern sowie Dörfern der Shan und Pa O. Die Frauen der Pa O erkennt man an ihren Turbanen aus einer Art

Frotteestoff und ihrer schwarzen Kleidung. An fünf Tagen der Woche finden in unterschiedlichen Dörfern Märkte statt, auf denen neben landwirtschaftlichen Produkten auch Handwerkskunst angeboten wird.

Zum Oktobervollmond wird der See Schauplatz eines mehrwöchigen Pagodenfestivals, zu dem Burmesen aus dem ganzen Land anreisen. In der Phaung-Daw-Oo-Pagode am südlichen Seeende stehen fünf mit Blattgold beklebte Buddha-Statuen aus dem zwölften Jahrhundert. Zu dem Fest werden sie auf einen Schrein auf einer königlichen Barke gestellt, die von der Form her dem mythologischen Hintha-Vogel nachempfunden ist, ähnlich wie die Betonbarke im Kandawgyi-See in Rangun. Gezogen von geschmückten Booten mit Einbeinruderern, begibt sich die Barke auf den Weg durch alle größeren Dörfer des Sees, um böse Geister zu verjagen. Die allmorgendlichen Ruderrennen, die die Fahrt der goldenen Barke begleiten, sind sowohl für die teilnehmenden jungen Männer als auch für die Zuschauer ein großes Spektakel. Nach drei Wochen endet die Fahrt mit einem mehrtägigen Fest in Nyaung Shwe.

Wer sich kurz der Illusion hingeben will, in der Toskana zu sein, kann dies bei einem Trip zu zwei Weingütern, die beide gerade mal ein halbe Fahrtstunde vom Inle-See entfernt sind. Das Sunset Dinner im Weingarten des Aythaya-Weinguts erfüllt bei europäischer und burmesischer Küche mit herrlicher Aussicht wirklich alle Erwartungen. Winzer ist übrigens ein deutscher Önologe, der hier seit fünf Jahren als Entwicklungshelfer in Sachen Weinanbau tätig ist. Das Red Mountain Estate produziert schon seit zehn Jahren unter französischer Leitung und lädt ebenfalls zur Weinprobe ein.

Ebenfalls in Reichweite eines Tagesausflugs liegt die Tropfsteinhöhle von Pindaya. Unterschiedlich große Grotten beherbergen über 8000, zum Teil vergoldete Buddha-Statuen. Der Sage nach ruhten sich sieben Feen in der Pindaya-Höhle aus, als eine riesige Spinne den Eingang mit einem Netz verschloss. Auf ihre Hilferufe hin kam ein junger Prinz, tötete die Spinne mit einem Pfeil und befreite die Feen. Wie dem auch sei, die Höhle entwickelte sich mit der Zeit zu einem buddhistischen Heiligtum, in dem die Menschen aus der Umgebung nun seit Jahrhunderten beten, meditieren und Buddha-Figuren aufstellen. Der Eindruck, den die Höhle hinterlässt, wie auch die Sicht auf die umliegende Landschaft mit Bergen, den Natthamikan-See und Stupas ist überwältigend.

Im Namen des Herrn

Mitten im Zentrum von Rangun in der Bo Aung Kyaw Street steht die St. Mary's Cathedral, Burmas größte Kirche. Dekoriert mit aufwendigen Bleiglasfenstern, gilt sie als eine der schönsten Kirchen Asiens. Dabei diente sie durchaus nicht nur dem Seelenheil der kolonialen englischen Gesellschaft. Eingeweiht wurde sie 1909 unter Anwesenheit von viertausend christlichen Mitgliedern des Karen-Stammes.

Tatsächlich sind etwa vier Prozent der Bewohner von Myanmar Christen, etwa drei Prozent Baptisten und ein Prozent Katholiken. Die meisten von ihnen gehören zu den ethnischen Minderheiten wie Chin, Karen, Lisu, Kachin und Lahu. Der Grund dafür ist ziemlich pragmatisch. Weil die buddhistischen Bamar dem Christentum wenig abgewinnen konnten, konzentrierten sich die

Missionare mit ihrer frohen Botschaft auf die Minderheiten. Dabei bedienten sie sich eines Tricks. Da in der animistischen Religion dieser Stämme nebulös von einem geheimen Buch die Rede war, das irgendein »Bruder« dereinst zurückbringen würde, behaupteten sie einfach, dieses Buch sei die Bibel. Der Zugang zu Bildung und Schulen war für die »Ungläubigen« ein weiterer Grund, auf die Avancen der Missionare einzugehen, ein Großteil (nicht nur der christlichen) Oberschicht verdankte ihre Schulbildung im zwanzigsten Jahrhundert konfessionellen Schulen.

Für das Weihnachtsfest kann man sich sogar glaubensübergreifend begeistern. Die Burmesen haben Gefallen daran gefunden, zu diesem Anlass ihr Haus zu dekorieren, ihre Familie zu beschenken und an Weihnachtsfeiern teilzunehmen. Und im ganzen Land kennen die Kinder den Weihnachtsmann. So kommt es, dass Weihnachten in Burma auch ein öffentliches Event ist. Weihnachtsfeiern finden in fast allen Hotels statt. Schulen und die meisten Büros sind am 25. Dezember geschlossen. Dazu muss man allerdings sagen, dass in Burma jeder Vorwand für einen Feiertag gut ist. Silvester beziehungsweise Neujahr wird gleich drei Mal gefeiert – nach westlichem, chinesischem und burmesischem Kalender –, und zum Wasserfest sind Botschaften, Ämter und öffentliche Einrichtungen manchmal wochenlang geschlossen.

Allerdings litten viele Christen gerade in der Zeit der Diktatur unter Repressalien. Das mag allerdings weniger an ihrer Religion gelegen haben als daran, dass die meisten Christen den rebellischen Minoritäten angehörten, die einen Guerillakrieg gegen die Zentralregierung führten. So sollen allein in den 1990er und 2000er Jahren über 3000 Dörfer mit Christen niedergebrannt worden sein.

Dass die zumeist christlichen Kachin, Karen und Pa Os eine ganz eigene Form der Nachrichtenübermittlung erfunden hatten, durfte ich vor wenigen Jahren am Inle-See erleben. Ich hatte mich in einem jener Hotels einquartiert, die auf Stelzen am Rand des Sees stehen und wurde während der ganzen Zeit meines Aufenthalts äußerst zuvorkommend behandelt. Damals vermutete ich, weil man sich mit mir als Alleinreisendem wunderbar unterhalten, heute würde ich sagen mich aushorchen konnte. Auch wurde mir umgehend ein Guesthouse in meinem Anschlussziel Kalaw besorgt; dasjenige, das ich mir ausgesucht hatte, war angeblich belegt.

Am Tag meiner Abreise musste ich frühmorgens aufbrechen. Hinter der Bergkette ging langsam die Sonne auf, über dem noch menschenleeren See lag eine dünne Nebelschicht, und ein paar Reiher, aufgeschreckt durch das Knattern des Außenborders, zogen über das spiegelglatte Wasser. Ein hinreißendes Bild, das ich sicher genossen hätte, wäre es nicht so entsetzlich kalt gewesen. Zwar steht in jedem Reiseführer, dass es gerade im Winter nachts auf dem Shan-Plateau empfindlich abkühlt, aber irgendwie kann man es sich nicht vorstellen, dass man dort wirklich frieren soll. Tagsüber ist es richtig heiß, da sind zehn Grad nachts doch sicher mal erfrischend – es gibt tausend weitere vermeintliche Gründe, keinen dicken Pulli einzupacken, aber tun Sie es! Auch ohne Wolldecken kommt man nachts nichts aus. Ich hatte nur eine Kapuzenjacke dabei, und obwohl ich meinen Schirm als Windschutz aufgespannt hatte, war ich nach einer halben Stunde Fahrt dermaßen durchgefroren, dass mir die Zähne klapperten.

Mit steifen Gliedern stieg ich in Nyaung Shwe auf den Pier und freute mich über den heißen Tee, den ein Mann vom Hotel mir sofort brachte. Auch war ich angenehm überrascht, dass er mich bis zum Zug brachte und sogar wartete, bis dieser sich in Bewegung setzte; nachträglich vermute ich, dass er sichergehen wollte, dass ich den Zug tatsächlich bestieg und am Bestimmungsort ankam.

Manchmal nur im Schritttempo quälte sich der Zug die Berge hinauf und gab den Blick frei auf bambusbewachsene Hänge und Täler mit Teeplantagen oder Chilifelder. Fliegende Händler und Frauen des Palaung-Stammes, die Tabletts mit Snacks auf ihren bunten Turbanen balancierten, stiegen an jedem Zwischenhalt zu und bewarben lautstark ihre Waren. Die Fahrt durch die Berge ist ein Highlight.

In Kalaw erwartete mich Michael, ein rundlicher kleiner Mann mit Knopfaugen, der ein Schild, auf dem »Mr. Martin« geschrieben stand, hoch über dem Kopf hielt. Sein Guesthouse lag etwas außerhalb der Innenstadt auf einem Hügel, von der Terrasse konnte man ein paar Cottages sehen, die auch als Hotels genutzt wurden. Diese englisch anmutenden Kolonialhäuser, vor denen Palmen wachsen, machen den besonderen Reiz dieser ehemaligen Hill Station aus. Wie auch Pyin Oo Lwin bei Mandalay war Kalaw früher eine beliebte Sommerfrische für englische Kolonialbeamte, die im Sommer vor der Hitze des Tieflands hierher flohen. Diese beschauliche Atmosphäre hat Kalaw sich erhalten.

Heute ist die Stadt ein beliebter Ausgangspunkt für Trekkingtouren, entweder in zwei bis drei Tagen zum Inle-See oder nur um Kalaw herum zu Dörfern der Palaung und Pa O. In diesen Dörfern kann man auch übernachten, meist eher unbequem auf Strohmatten, mir persönlich reicht ein längerer Spaziergang. Deshalb buchte ich einen Guide für eine Tagestour am nächsten Tag. Schon am ersten Abend wollte Michael mir die katholische Christ-The-King-Kirche zeigen, doch mein Interesse war relativ begrenzt. Warum sollte ich mir unbedingt eine mittelprächtige Kirche aus den 1930er Jahren ansehen, wo ich in meinem Leben schon die berühmtesten Kirchen der Christenheit besichtigt hatte und es dazu in diesem Land von Pagoden und Tempeln nur so wimmelt? Offensichtliches Desinteresse fand ich aber unhöflich, schließlich hingen im Haus diverse Kreuze und Marienbilder, also verschob ich den Besuch auf unbestimmte Zeit und hoffte, die Angelegenheit würde sich irgendwann erledigen.

Am nächsten Morgen, als die Sonne aufging, holte mich der Guide ab, der ebenfalls ein kleines goldenes Kreuz um den Hals trug, was mir nicht entging. Die Tour führte über Terrassen, auf denen Tee und Gemüse angebaut wurden, durch lockere Pinienwälder und an einem Flusslauf entlang, an dem wilde Orchideen wuchsen, alles in allem ein schöner Tagesausflug, doch auch dieser Guide fragte fast inquisitorisch, ob ich mir bereits die Kirche angesehen hätte. Ich verneinte.

Am nächsten Tag war ich so weit und ließ mich – gottergeben – zur Christ-The-King-Kirche bringen, einem hübschen, gepflegten Backsteinbau. Nach der Besichtigung lernte ich den Hausherrn Father Paul kennen, ein drahtiger Herr um die Sechzig, und rasch wurde mir klar, dass er die eigentliche Attraktion war. Er war der Nachfolger des bekannten Father Angelo, der seit 1931 in Burma gelebt und diese Kirche mit Spenden hatte erbauen lassen. Über all die Jahre, durch Krieg und Bürgerkrieg war sie immer geöffnet geblieben. Angeschlossen waren ein Waisenhaus und die damals einzige katholische Schule des Landes.

Wir saßen im Pfarrhaus, sahen hinaus in den ungemein englisch wirkenden Vorgarten mit Rosenbeeten, tranken Tee und plauderten über die politische Situation. Was er über das Regime denke, sei natürlich nicht zitierfähig, sagte der Priester, aber im Grunde unterschieden sich seine Ansichten kaum von dem, was damals alle dachten: Augen zu und durch.

Es war kurz vor Weihnachten. Als ich mich nach fast zwei Stunden verabschiedete, rückte Father Paul mit der Sprache heraus. Ob ich ein paar Briefe für ihn nach Bangkok mitnehmen und dort auf die Post bringen könne. Nichts Politisches natürlich, nur ein bisschen Weihnachts- und Neujahrspost, aber wenn er sie hier aufgebe, würde sie mit Sicherheit geöffnet werden, und ob sie jemals ankäme, sei fraglich. Auf einmal wurde mir klar, dass diese Begegnung von langer Hand geplant war. Das Hotel am Inle-See, Michaels Guesthouse, Father Paul – ich war Mittelpunkt einer christlichen Verschwörung, die ausgerechnet mich ausersehen hatte, geheime Unterlagen außer Landes zu schmuggeln! Das war natürlich streng verboten.

»Okay«, stimmte ich zu, nachdem ich einen Moment überlegt hatte, und kam mir vor wie ein Topagent im Dienst der Kirche. Michael wartete im Garten und rauchte eine Cheroot. Er lächelte wissend. Im Guesthouse sah ich mir die Briefe genauer an. Umschläge aus einem grünlichen Papier, wie man es aus der DDR kannte, beschriftet in der akkurat geschwungenen Handschrift des Paters, Adressen in Italien, London und New York. Wenn ich die Briefe in Rangun einfach wegwürfe, würde es niemand merken.

Am nächsten Morgen setzte ich mich in den Bus nach Rangun. Fünfzehn Stunden, aber immerhin mit Aircon, übrigens die schrecklichste Busfahrt meines Lebens. Am schlimmsten war, dass man mich trotz Ticket auf einen Hocker im Mittelgang platzieren wollte. Ich überlegte kurz, drückte dem Fahrer zehn Dollar in die Hand und hatte wenig später einen leidlich bequemen Sitz direkt unter einem Monitor, auf dem ununterbrochen Musikvideos liefen. Dickliche und unnatürlich hellhäutige Frauen lugten kokett hinter Oleanderbüschen hervor und sangen Dissonantes mit Percussion-Untermalung. Fast in jedem Video tauchte irgendwo Oleander auf, und ich überlegte mir, dass der für Burmesen vermutlich so exotisch ist wie für Europäer Orchideen. Neben meinem Fenster taten sich Abgründe auf, manche Hunderte von Metern tief. Jedes Mal, wenn der Bus sich über den Seitenstreifen an einem Lkw vorbeizwängte, schwitzte ich Blut und Wasser, bis mir die Idee kam, dass ich in einer höheren Mission unterwegs war. Für meinen Schmuggel im Dienst der Kirche sollte der Herr bitte seine Hand über mich halten! Ich nahm eine Schlaftablette und verschlief den Rest der Fahrt angstfrei.

Heutzutage wird Gepäck am Flughafen immer geröntgt – ein Tipp für den Fall, dass Sie aus Burma etwas herausschmuggeln wollen –, doch damals verliefen die Kontrollen eher nach dem Zufallsprinzip. Man konnte gefilzt werden oder auch nicht. Niemanden interessierte, ob ich etwas Verbotenes ausführte.

In Bangkok brachte ich die Briefe auf die Post und kam mir mindestens so verwegen vor wie James Bond im Kalten Krieg.

Die Blume des Bösen

Noch während des britischen Empires war der Shan-Staat in Fürstentümer unterteilt, vergleichbar jenen der Maharadschas in Indien. In Größe und Wohlstand waren diese Kleinstaaten so unterschiedlich wie die Völker und Stämme, die dort lebten, etwa die Shan, Wa, Akha und Lahu. Während manche Fürstentümer nur aus ein paar Dörfern bestanden, waren andere mehrere Hundert Quadratkilometer groß und unterhielten eigene diplomatische Vertretungen.

Eines war aber fast allen Shan-Staaten gemeinsam: Der Anbau von Reis, Obst oder Gemüse war nicht rentabel, weil er aufgrund der klimatischen Verhältnisse zu wenig Ertrag brachte. Was in den Höhenlagen jedoch hervorragend gedieh, war Schlafmohn.

Zwischen Dezember und Februar verwandeln sich viele Berghänge in ein Blütenmeer in Weiß, Rosa und Lila. Doch kaum sind die Blütenblätter abgefallen, mutiert der Schlafmohn zur Blume des Bösen. Die Fruchtkapseln werden mit einem Messer angeritzt, worauf der weiße Milchsaft austritt, der später zu einer klebrig braunen Masse eintrocknet: Rohopium, das die Bauern an Zwischenhändler und Raffinerien verkaufen.

Ähnlich ist es im ganzen Goldenen Dreieck, wie man die Grenzregion von Thailand, Laos und Burma bezeichnet. Schon der Name weckt Bilder von durchlässigen Grenzen, Schmugglern, versteckten Heroinfabriken und Eselskarawanen entlang der Handelspfade durch den Dschungel. Tatsächlich ist es wohl so ähnlich, auch wenn man als Tourist wenig davon mitbekommt.

Während der Mythos vom Goldenen Dreieck in Thailand mit einem Museum und Trekkings heute dazu genutzt wird, eine touristische Attraktion zu konstruieren, behaupten Laos und Burma, sie hätten den Opiumanbau weitgehend besiegt, indem sie die einheimischen Bauern dazu gebracht hätten, statt Mohn verträglichere Feldfrüchte wie Sojabohnen oder Kaffee anzubauen. Tatsächlich aber ist Myanmar hinter Afghanistan der weltweit zweitgrößte Hersteller von Opiaten. Nach dem Ende der Talibanherrschaft und dem damit verbundenen Erstarken der Drogenproduktion in Afghanistan ist Myanmars Rolle bei der Herstellung von Opium jedoch am Sinken.

Dafür verlegt man sich auf andere illegale Substanzen. Bei der Herstellung von Amphetaminen nimmt das Land mittlerweile eine Spitzenposition ein, vor allem weil diese kostengünstiger als Schlafmohn und witterungsunabhängig produziert werden können. Ein Großteil der Produktion geht nach China und Thailand, doch die Drogen werden nicht nur exportiert, auch in Burma selbst ist der Konsum stark angestiegen. Neben der Prostitution ist dies eine der Hauptursachen für die rasante Ausbreitung von Aids; Burma hat in diesem Bereich die mit Abstand höchste Wachstumsrate Asiens.

Das Grenzgebiet ist zu großen Teilen Sperrgebiet und für die meisten Touristen nur mit einem Tagesvisum bis zur Stadt Tachilek von Thailand aus zu erkunden. Mit einer Sondergenehmigung, die Reiseveranstalter besorgen können, ist jedoch auch eine Weiterreise nach Kentung möglich. Die alte Hauptstadt des Goldenen Dreiecks ist reizvoll an einem See gelegen und wegen ihres angenehmen Klimas beliebt. Außerdem lassen sich von hier aus Wanderungen in die Umgebung und zu den Dörfern verschiedener Bergvölker unternehmen.

Das Abenteuer heißt hier nicht zuletzt Opium. Denn natürlich hoffen viele Touristen, dass sie das Gift mit seinem betäubendem Geruch, aber bitterem Geschmack irgendwo zu sehen oder gar zu probieren bekommen. Und das ist durchaus möglich, manche Guides, die natürlich an jeder Pfeife verdienen, legen es sogar darauf an, ihren Gästen diese Erfahrung zu ermöglichen, doch es ist dringend davon abzuraten. Abgesehen davon, dass schon auf kleinste Mengen Drogen hohe Strafen stehen, reagieren viele Menschen beim ersten Opiumgebrauch ausschließlich mit Übelkeit statt mit einem Rausch.

An der Einmündung des Ruak in den Mekong, wo Burma, Thailand und Laos sich berühren, steht in jedem Land ein Kasino. Interessant ist dabei die Frage, wem diese Kasinos gehören. Offiziell sind sie im Besitz der Chinesen, man munkelt jedoch, sie gehörten in Wahrheit den Wa. Wenn Sie sich jetzt fragen, wer oder was die Wa sind, muss ich ein wenig in die Geschichte des Opiumhandels einsteigen. Nur so viel vorab: Die Wa sind ein gefürchteter Bergstamm, dessen Angehörige sich bis in die 1960er Jahre als Kopfjäger betätigten.

Zwar wurde Schlafmohn im Goldenen Dreieck schon seit vielen Jahrhunderten angebaut, das Opium allerdings eher als Schmerzmittel benutzt denn als Droge. Opium, das heute als Heroin die westliche Welt überschwemmt, war über Jahrhunderte das wichtigste Handelsgut der Kolonialmächte. Das Verbot des chinesischen Kaisers gegenüber den Briten, ihr indisches Opium in China zu verkaufen, war sogar Auslöser der Opiumkriege im neunzehnten Jahrhundert. Die Briten fühlten ihre Handelsinteressen behindert und zwangen nach ihrem militärischen Sieg die Chinesen, den Import von indischem Opium zu erlauben. Die Franzosen unterhielten in Indochina noch bis in die 1940er Jahre hinein staatlich lizenzierte Opiumhöhlen. Das Opiummonopol des Staates war etwas ganz Normales, eine nie versiegende Einnahmequelle, vergleichbar mit der heutigen Tabaksteuer.

Alle Mächte benutzten Opium, um ihre Kriege zu finanzieren oder sich einfach »nur« daran zu bereichern: die Briten, die Holländer und die Franzosen, und in der zweiten Hälfte des zwanzigsten Jahrhunderts die Amerikaner und die Kuomintang.

Nach dem Zweiten Weltkrieg hatten sich versprengte Truppen der chinesischen Kuomintang im Goldenen Dreieck festgesetzt und setzten von hier aus ihren Kampf gegen Maos Kommunisten fort. Sie zwangen die Bauern zum Opiumanbau und hatten einen potenten Partner: die amerikanische CIA, die mit ihren Flugzeugen Truppen und Rauschgift transportierte. Nach der Ächtung des Opiumhandels in Asien diente der Handel weiterhin dazu, die geheimen Aktionen der CIA in Burma und Laos zu finanzieren, ein perfektes Schwarzgeldreservoir, denn offiziell hatten sich die westlichen Mächte ja aus dem Opiumhandel zurückgezogen.

Als Chiang Kai-Sheks Truppen schließlich einsahen, dass es keine Chance gab, China zurückzuerobern, konzentrierten sie sich völlig auf den Drogenhandel und legten die Grundlage für Handelsrouten und Netzwerke, die nach wie vor von ehemaligen ethnischen Armeen im Shan-Staat und den Chinesen dominiert werden. Und eben vom Stamm der Wa, die im Grenzgebiet von Burma eine Art Staat im Staat unterhalten. Der Wa-Staat gehörte lange Zeit nur nominell zu Burma und verfügte über eine eigene Infrastruktur und eine Armee von über zwanzigtausend Mann. Offiziell haben die Wa und andere Minderheiten mit der Zentralregierung Frieden geschlossen und dem Opiumhandel abgeschworen. Dafür betreiben sie nun die Kasinos.

Wie sehr der Drogenhandel auch ein Politikum ist, lässt sich nicht zuletzt an den Karrieren der bekanntesten Drogen-Warlords Khun Sa und Lo Hsing Han ablesen, die jahrzehntelang abwechselnd den Opiumhandel dominierten – je nachdem, wer gerade in Haft war. Khun Sa wurde 1969 verhaftet, Vorteil für Lo Hsing Han. Als die burmesische Regierung in den 1970er Jahren die verbündeten Milizen auflösen wollte, schien Los Stern zu sinken. Kurzerhand schlug er sich auf die Seite der Shan-Separatisten und wurde 1973 völlig überraschend von der thailändischen Polizei verhaftet und an Burma ausgeliefert. Lo war ein Bauernopfer, um die USA zu besänftigen, die dem Drogenhandel inzwischen den Krieg erklärt hatten.

In Burma wurde Lo jedoch nicht wegen Drogenhandels, sondern wegen Hochverrats und Rebellion angeklagt. Die nächsten sieben Jahre verbrachte er im Gefängnis. 1980 wurde er freigelassen und mit Regierungsgeldern ausgestattet, um seine Opiumarmee wieder aufzubauen, diesmal im Dienst des State Law and Order Restauration Council (SLORC). Damit war Burma der erste »Narco-Staat«.

Bereits 1974 hatte sich die Regierung gezwungen gesehen, Khun Sa wieder auf freien Fuß zu setzen – im Austausch gegen zwei russische Ärzte, die von seinen Truppen entführt worden waren. Er gründete, stillschweigend geduldet von den Thais, die den Separatisten positiv gegenüberstanden, die Shan United Army und eine große Heroinraffinerie in dem nordthailändischen Dorf Ban Hin Taek.

1996 schloss Khun Sa, von den USA mit dem dramatischen Titel »Prinz des Todes« ausgestattet, einen Waffenstillstand mit der burmesischen Regierung und setzte sich unbehelligt in Rangun zur Ruhe. Trotz der zwei Millionen Dollar, welche die USA auf seinen Kopf ausgesetzt hatten, fühlte er sich dort sicher. Er starb 2007.

Lo Hsing Han soll sich mittlerweile auf legale Geschäfte verlegt haben. Er soll am größten Hotel Ranguns, dem Shangri La, und an zahlreichen Immobilienprojekten beteiligt sein. Seine Firma Asia World Company, die von seinem Sohn Steven geleitet wird, ist auch im Ölgeschäft tätig. Steven hat die Schreibweise seines Familiennamens Lo übrigens in »Law« (kein Witz!) geändert. Er begleitete den derzeitigen Präsidenten Thein Sein auf seiner ersten offiziellen Auslandsreise nach China.

Der hohe Norden

Nach vielen Jahren im Sperrgebiet können jetzt einige Orte im äußersten Norden Burmas besucht werden, allerdings ist die Anreise nur auf dem Luftweg gestattet. Mangelnde Infrastruktur und bewaffnete Banditen werden hierfür als Grund genannt, außerdem sollen manche Gebiet immer noch wegen Opiumanbau, lokaler Konflikte oder unmarkierter Landminen gefährlich sein. Während man früher selten weiter als bis Bhamo, das auch per Boot gut zu erreichen ist, oder bis Myitkyina, der Hauptstadt des Kachin-Staates, kam, werden dank der lokalen Airline Asian Wings inzwischen auch Orte wie Putao oder Homalin im Grenzgebiet zu China beziehungsweise Indien angeflogen.

Das Reisen ist hier weniger spontan als im Rest des Landes, aber es lohnt sich. Die Natur ist einfach spektakulär. Durch die fruchtbaren Hochtäler, in denen verschiedene Volksgruppen wie Rawang, Lisu, Zaiwa, Maru, Yaywin, Lawngwaw, Lachyit und Shan siedeln, schlängeln sich Flüsse, und gleich hinter den Dörfern erheben sich schneebedeckte Berge. Sowohl Klima als auch Vegetation unterscheiden sich gänzlich vom Flachland. Die Bevölkerung ist hier weniger vom Buddhismus geprägt, dafür findet man viele Christen und Animisten. Diese einzigartige, weitgehend unberührte Region könnte zum idealen Ziel für Eco- und Trekking-Touristen werden. Noch allerdings ist man als Reisender hier Pionier.

Am Fuß des Himalajas gelegen, ist Putao ein idealer Ausgangspunkt für kurze und lange Wanderungen durch raues Berggelände und Dörfer mit verschiedenen ethnischen Stämmen. Putao eignet sich auch als Ausgangspunkt zur Besteigung des höchsten Berges Myanmars und ganz Südostasiens, des Mount Khakhaborazi (5889 Meter).

Die Umgebung der Stadt ist gekennzeichnet von rauschenden Bächen, kleinen Flüssen mit landestypischen Hängebrücken, strohbedeckten Häusern und Eingrenzungen aus Kies und Flusssteinen. Hier befindet sich eine der letzten großen Flächen mit subtropischem Regenwald. In den umliegenden Bergen sind viele seltene Tiere und Vögel zu finden, was dieses Gebiet für Vogelbeobachter sehr anziehend macht. Auch für Pflanzenliebhaber ist die Gegend ein Paradies. Neben zahlreichen Rhododendronarten, deren Blüten die Hänge im Frühjahr rosarot sprenkeln, gedeihen hier über fünfhundert Sorten an seltenen Orchideen – und es werden immer noch neue entdeckt.

Bislang gibt es in Putao nur zwei Unterkünfte, eine billige Option ist nicht darunter. Die luxuriöse Malikha Lodge wurde von Jean-Michel Gathy, dem berühmten Architekten der Aman Resorts, entworfen. Sie liegt hoch über dem Nam-Lang-Fluss mit herrlicher Aussicht auf ferne Berge und Reisterrassen, die man aus der riesigen

Teakholzbadewanne am lodernden Kaminfeuer genießen kann.

Deutlich günstiger und mehr aktionsorientiert ist das Putao Trekking House. Als Basisstation bietet es ein umfangreiches Tourprogramm ab vier Personen unter der Leitung von erfahrenen einheimischen Guides an.

Es ist erforderlich, Putao als Package-Tour entweder über ein Reisebüro oder über die Hotels direkt zu buchen. Die Bearbeitung der Sondergenehmigung wird von den Reisepartnern übernommen und kann bis zu vier Wochen in Anspruch nehmen.

Noch entlegener als die Region um Putao ist vielleicht nur das legendäre Naga-Land. Die Naga sind ein urtümlicher Stamm ehemaliger Kopfjäger, der im Grenzgebiet zwischen Indien und Burma lebt. Heutzutage hängen an den Körben oder Gürteln der Männer nur noch Affenschädel, die jedoch eine verdächtige Ähnlichkeit mit Schrumpfköpfen aufweisen. Zu erreichen sind die Naga über einen Flug nach Homalin am oberen Chindwin River und eine sechsstündige Weiterreise per Boot. Die Naga sind ausgesprochen geschickte Handwerker, die dekorative Stoffe und Kopfschmuck anfertigen. Allerdings kann man beides auch in Rangun in speziellen Läden für Ethnotextilien kaufen.

Hier zwei Agenturen, die Reisen nach Putao oder ins Naga-Land im Angebot haben:
www.mrmyanmartravel.com
www.sstmyanmar.com

Touren nach und um Putao herum können, wie gesagt, auch über die zwei Hotels gebucht werden:
www.putaotrekkinghouse.com
www.malikhalodge.net

Edle Steine – Rubine und Jade

Im Hpakan-Tal wird das beste Natriumaluminiumsilikat der Welt abgebaut, besser bekannt als Jadeit. Burma fördert viele verschiedene Arten von Edelsteinen, ist aber hauptsächlich für seine Rubine und seine Jade bekannt.

Jade ist der begehrteste Edelstein Asiens und in hoher Qualität kostbarer als Diamanten. Bereits vor zweitausend Jahren kannten die Chinesen den Reichtum, der in Burma unter der Erde liegt. Für sie spiegelte der Stein kaiserliche Tugenden wieder: Härte, Reinheit und Aufrichtigkeit. Die wertvollsten Stücke in Beijings verbotener Stadt, wie das Siegel der chinesischen Kaiser, sind aus Hpakan-Jade hergestellt.

Jade wurde als die »Essenz der Kraft der Berge« angesehen, die es dem Menschen erlaube, Verbindung mit den Göttern aufzunehmen. Rituelle Gegenstände, Amulette zur Vertreibung böser Geister, Glücksbringer und Würdezeichen von Amtsträgern waren aus Jade. Die Taoisten versuchten, durch regelmäßigen Verzehr von Jadepulver Unsterblichkeit zu erlangen; chinesische Kaiser ließen deshalb kostbare Steine zermahlen, um ihr Leben zu verlängern.

Bevor Jade seit dem achtzehnten Jahrhundert in Minen abgebaut wurde, wurde sie an der Erdoberfläche in den Bergen und in Flussbetten gesammelt. Der Legende nach suchten Frauen mit nackten Füßen im Fluss danach. Sie fühlten die Oberfläche mit der Haut, angeblich deshalb, weil das Yang der einen das Yin des anderen anzog.

Vor allem in Asien wird Jade auch als Antiquität gesammelt. Der Wert der Jade richtet sich nach der Farbe und ihrer Intensität, der Lebhaftigkeit und Struktur der Maserung sowie nach Reinheit und Transparenz. Allein bei grüner Jade unterscheidet man sieben verschiedene Qualitäten. Diese Nuancen sind für das ungeschulte Auge kaum zu erkennen. In den USA und in Europa gelten Smaragdgrün, Spinatgrün und Apfelgrün als besonders wertvoll. In Asien dagegen wird auch reines Weiß oder ein feines Gelb mit leicht rosafarbenem Unterton geschätzt. Den höchsten Preis erzielt jedoch das durchscheinende, ins Türkis spielende Smaragdgrün der Imperial Jade, der kaiserlichen Jade: die Farbe der Kehle des Eisvogels.

Legionen von Glücksrittern kamen bei der Suche nach Burmas Jade ums Leben, durch Malaria, Überfälle oder wegen der Unzugänglichkeit der Region. Heute hat die Militärregierung Hpakan für westliche Ausländer gesperrt. Die Pächter der Minen sind meist Chinesen. Sie geben das Geld, und die burmesischen Generäle lebten lange gut von den Schürflizenzen. Die wertvolle Jade verschwindet meist sofort nach China, die minderwertige bleibt im Land. Der Jademarkt in Mandalay, der größte der Welt, bietet einen Einblick in den Jadehandel.

Wie die kaiserliche Jade der Chinesen stammen auch die edelsten Rubine aus Burma, und zwar aus Fundstätten bei Mogok, etwa zweieinhalb Autostunden nördlich von Mandalay. Der Rubin ist die rote Variante des Minerals Korund, Saphir die blaue. Der entscheidende Faktor, der dem Rubin seinen Wert verleiht, ist die durch Spuren von Chrom hervorgerufene Farbe.

Laut Schätzungen aus der Branche kommen mehr als neunzig Prozent der Rubine weltweit aus Burma. Ihnen wurde nachgesagt, sie verdunkelten sich bei nahendem Unheil. Steine aus den legendären Minen von Mogok haben eine reine rote Farbe, die als »Taubenblutrot« bezeichnet wird.

Viele Legenden ranken sich um die Steine. So gab es den berühmten Fall des SLORC-Rubins, der heute Nawata-Rubin heißt. Der golfballgroße Stein wurde im Februar 1990 in den Minen von Mogok gefunden. Arbeiter versteckten das Stück vor den Aufsehern, und der Stein wurde nach Thailand geschmuggelt.

Man erzählt sich, dass der Rubin einem thailändischen Händler angeboten wurde, aber man konnte sich nicht über den Preis einigen. Der Händler verriet den Ort, wo der Stein aufbewahrt wurde, an die burmesische Regierung in der Hoffnung auf künftige Gefälligkeiten. Diese schleuste ein Agententeam nach Chiang Mai ein, das den Stein und seine Besitzer zurück nach Burma entführte. Der Rubin ist jetzt in einem Museum in Naypidaw zu besichtigen. Und die ehemaligen Besitzer ruhen da, wo sie den Stein fanden: tief unter der Erde Burmas.

Gruppenreisen zu den Edelsteinminen für westliche Touristen, wie sie noch in den 2000er Jahren stattfanden, sind derzeit ohne Angaben von Gründen nicht möglich.

Burmas Strände

Auch wenn man bei Burma vielleicht nicht zuerst an einen Strandurlaub denkt: Man kann ihn haben – und sei es nur, um sich für ein paar Tage von Kultururlaub, Trekking und Reiseanstrengungen zu erholen. Burma hat eine weit über zweitausend Kilometer lange Küste am Indischen Ozean, und es gibt herrliche Strände entlang des Golfs von Bengalen und der Andamanensee, und da sie alle Richtung Westen liegen, ist der garantierte Blick auf den Sonnenuntergang im Preis inbegriffen. Und der ist manchmal ganz schön happig. Im Vergleich zum benachbarten Thailand ist ein Strandurlaub in Burma nicht billig.

Träume aus Sand

Für Budgettouristen und Traveller ist es vor allem in Ngapali Beach schwierig, eine bezahlbare Bleibe zu finden. Reisende, die nicht so auf das Geld achten müssen, finden hingegen jede Menge angenehmer Hotels und Resorts aller Kategorien. Verhältnismäßig günstig ist die kleine, in einem Palmengarten direkt am Strand gelegene Eco-Resort Laguna Lodge des Deutschen Oliver Esser Soe Thet, der sich auch für diverse Hilfsorganisationen einsetzt und in der Vereinigung burmesischer Chefköche aktiv ist. Deshalb hat sein Resort auch ein beliebtes Restaurant.

Ngapali war der erste Strand in Burma, zu dem ausländische Touristen reisten, inzwischen wissen auch viele wohlhabende Burmesen das Strandleben zu schätzen. Im Gegensatz zu anderen Orten in Asien gibt es hier keine lärmenden Strandbars, keine Massen von Menschen und keine Straßenhändler. In den letzten Jahren hat sich das ehemals beschauliche Fischerdorf zur beliebtesten Stranddestination Burmas entwickelt, ohne jedoch seinen ländlichen Charme zu verlieren. Immer noch sieht man Ochsenkarren am bis zu fünfzig Meter breiten Sandstrand entlangziehen, und die Einheimischen gehen wie seit Jahrhunderten fischen. Palmen säumen das türkisfarbene und glasklare Meer, und der sieben Kilometer lange Strand wirkt oft menschenleer. Zur Hauptreisezeit plätschern die Wellen nur schwach, und auch der Wind hält sich zurück.

So lädt der Strand sowohl zum Schwimmen als auch zu ausgedehnten Spaziergängen ein, gekühlte Kokosnüsse werden gleich vor Ort zur Erfrischung geköpft. Fast alle Hotels vermieten Fahrräder, mit denen sich die umliegenden Dörfer erkunden lassen. Schnorchler gehen auf der vorgelagerten Insel Pearl Island auf Tauchstation. Obwohl hier früher nach Perlen getaucht wurde, ist die Welt unter der Wasseroberfläche weniger beeindruckend als die darüber, Strömungen sorgen zudem dafür, dass man nicht immer da ankommt, wo man hinwollte. Deshalb ist es immer ratsam, ein Boot in der Nähe zu wissen.

Die meisten Hotels liegen an einem etwa zwei Kilometer langen Strandabschnitt südlich eines kleinen Flüsschens, ein Shuttledienst vom und zum nahegelegenen Flughafen in Thandwe ist bei allen inklusive. Zwar kann man Ngapali theoretisch auch per Bus erreichen, aber für die etwa achtzehn- bis zwanzigstündige Fahrt muss man masochistisch veranlagt sein, schließlich dauern Flüge nach Rangun, Heho, Bagan und Sittwe maximal eineinhalb Stunden und kosten nur um die hundert Dollar. Die Hotels sind unbedingt rechtzeitig zu reservieren, da sie zu Feiertagen und zur Hauptreisezeit häufig ausgebucht sind.

Ngapali liegt im Süden des Rakhine-Staates, der im Frühjahr des Jahres 2012 von heftigen ethnischen Unruhen zwischen Buddhisten und der muslimischen Minderheit der Rohingya erschüttert wurde. Das Touristengebiet um Ngapali ist davon nicht betroffen, doch im Norden herrscht Ausnahmezustand. Deshalb sind die Hafenstadt Sittwe und die alte Königsstadt Mrauk U in der Nähe der Grenze zu Bangladesch bis auf Weiteres für Ausländer gesperrt, alle Reisen sind von den Veranstaltern abgesagt. Wann dieses Gebiet wieder geöffnet wird, ist nicht abzusehen und bei Interesse über Reiseagenturen zu erfragen.

Neben Ngapali erfreuen sich die Strände in der Deltaregion wachsender Beliebtheit. Der Strand zwischen Ngwe Saung (Silberner Strand) und Chaungtha ist von Rangun aus mit Auto oder Bus via Pathein in etwa fünf Stunden zu erreichen. Eine Flugverbindung gibt es derzeit nicht. Unter den Stränden Burmas hat sich Ngwe Saung seit seiner offiziellen Eröffnung im Jahr 2000 zum Shooting-Star entwickelt. Der vierzehn Kilometer lange

Strand am Golf von Bengalen kann es ohne Weiteres mit Ngapali Beach aufnehmen. Ngwe Saung selbst ist immer noch ein verschlafenes Dorf mit wenig touristischen Aktivitäten. In den einheimischen Restaurants werden jede Menge frische und günstige Meeresfrüchte angeboten. Hier kann man einen Strandurlaub ohne großes Unterhaltungsprogramm genießen. Es herrscht himmlische Ruhe, die nur vom Meeresrauschen unterbrochen wird. Schnorchler können vor der Liebesinsel am Südende des Strandes die Unterwasserwelt erkunden. Ein kleines Elefantencamp liegt zwanzig Minuten Fahrzeit entfernt auf dem Weg nach Pathein.

Auch wenn die Resorts nur selten darauf hinweisen, besteht in den Küstengebieten des Rakhine-Staates und in der Deltaregion während der Regenzeit eine gewisse Malariagefahr. Ab Oktober und bis März gelten die Strände jedoch als sicher. Ein guter Mückenschutz, gerade während der Dämmerung, ist trotzdem ratsam.

Myeik – Archipel der tausend Inseln

Insel 60 sei perfekt zum Schnorcheln, so heißt es, und auf Nummer 82 gebe es Schwärme von Papageien. Im Myeik-Archipel haben die meisten Inseln nur Nummern und keine Namen, so viele gibt es von ihnen. Legenden behaupten, es seien viertausend, nach Zählung der Briten sind es 804, und genau weiß es wahrscheinlich keiner. Verstreut in der smaragdgrünen Andamanensee, sind sie die perfekte Verkörperung des unberührten Tropenparadieses mit pudrig weißem Sandstrand, Palmen, Dschungel und Felsen, die sich malerisch aus dem Meer erheben. Den Strand aus »The Beach«, beliebteste Lektüre von Asien-Travellern, dürfte man eher hier finden als im benachbarten Thailand.

Eigentlich ist das naheliegend, denn die Gegend nördlich von Kawthaung ist die Fortsetzung der Inselwelt des thailändischen Tarutao-Nationalparks und der Bucht von Pha Nga. Warum sollte sich die Landschaft nach der Grenze urplötzlich ändern? Im Gegensatz zu Thailand jedoch, das nur ein paar Kilometer weiter südlich ein Ziel des Massentourismus ist, ist der mit 40 000 Quadratkilometern riesige Myeik-Archipel eine der weltweit am wenigsten erforschten Gegenden. Kaum verwunderlich, da das Gebiet nach dem Zweiten Weltkrieg über Jahrzehnte fast vollständig von der Außenwelt isoliert war. Es bedarf keiner großen Phantasie, sich auszumalen, welches Entwicklungspotenzial dieses Inselparadies für den Tourismus bietet.

Doch obwohl die meisten Inseln nicht bewohnt sind, gilt die Unterwasserwelt schon jetzt durch Überfischung und Dynamitfischerei als gefährdet. Zudem lässt Singapur Millionen Tonnen von Sand für seine Landgewinnungsprojekte abtransportieren. Eine weitere Bedrohung der gefährdeten Umwelt ist der geplante Tiefseehafen von Dawei, dessen Bau gerade zwischen Thailand und Burma vereinbart wurde.

Noch jedoch verfügt der Archipel über eine unglaublich breite Vielfalt von Flora und Fauna über und unter Wasser. Neben ausgedehnten Korallengärten mit einer Vielfalt maritimen Lebens findet man hier Nashornvögel und Adler, auf den größeren Inseln sogar Tiger, Elefanten, Pythons und Seeottern. Die größte und schönste Insel mit bis zu zwei Kilometer langen Sandstränden ist Lampi Kyun (Sullivan Island). Sie hat etwa die Größe von Singapur und ist heute ein Nationalpark.

Die tieferen Gewässer des Myeik-Archipels zählen zu den besten Tauchgründen der Welt, um die mit Korallen bedeckten Felsnadeln ziehen Schildkröten, Delfine, Haie und viele andere Fischarten. Die zahllosen kleinen Inseln laden zum Kajakfahren und Schnorcheln ein. Während die größeren Inseln über Fährverbindungen verfügen, sind die kleineren auf eigene Faust kaum zu erreichen. Aufgrund der mangelnden Infrastruktur muss man sich zum Tauchen ohnehin organisierten Touren anschließen, da es sonst keine Möglichkeit gibt, an Equipment zu kommen. Auf den Inseln selbst gibt es nur einige Fünf-Sterne-Resorts, neue Unterkünfte sollen jetzt hinzukommen. Sicherlich ist eine Expeditionstour auf einer der hier cruisenden Jachten für Naturliebhaber und Taucher ohnehin die beste Wahl mit einem Höchstmaß an Komfort.

Die einzigen in dieser Inselwelt lebenden Menschen sind die letzten Moken oder Seezigeuner, die auf ihren Booten ein nomadisches Leben im Einklang mit der Natur führen. Sie ernähren sich fast ausschließlich vom traditionellen Fischfang und haben nur wenig Kontakt zur Außenwelt. Sie fühlen sich der Regierung und den Landesgrenzen nicht verpflichtet, und so gab und gibt es immer wieder problematische Zwischenfälle, da ihr Siedlungsgebiet sich bis nach Indonesien erstreckt. Früher verkauften die Moken Perlen an Geschäftsleute vom Festland, inzwischen werden die wertvollen Perlmuttkügelchen auf Farmen gezüchtet.

Die sehenswerte Hafenstadt Mergui (Myeik) war jahrhundertelang eine der wichtigsten Handelsstädte am Indischen Ozean. Heute leben die etwa 170 000 Einwohner von Fischfang und Kautschukanbau, aber die Stadt möchte ihre alte Bedeutung gern zurückgewinnen. Hotels und gute Restaurants gibt es einige in Mergui. Die ganze Gegend ist allerdings aufgrund strikten Vorgehens gegen Schmuggler militärisch streng kontrolliert und abgesperrt. Östlich der Stadt gibt es Zinnminen, Palmöl- und Kautschukplantagen.

Da Mergui und auch die weiter südlich gelegene Grenzstadt Kawthaung (Victoria Point) über einen Flughafen verfügen, sind beide Städte von Rangun oder Mawlamyine aus leicht erreichbar, und der internationale Flughafen von Phuket (Thailand) liegt nur drei Autostunden entfernt. Dort starten übrigens meist auch die oft luxuriösen Kreuz- und Tauchtrips zum Myeik-Archipel.

Kawthaung, vom thailändischen Ranong aus in dreißig Minuten mit dem Boot zu erreichen, ist ein beliebter Anlaufpunkt für den Visa-Run von Thailand-Touristen. Es heißt, dass in Kawthaung demnächst auch »visa on arrival« für 28 Tage ausgestellt werden, allerdings ist diese Information kurzfristig zu überprüfen, ebenso wie jene, dass es Ausländern erlaubt werden soll, die Küste südlich von Dawei auf dem Landweg zu bereisen. Im Moment gilt noch die Regelung, dass Touristen die Städte Mergui und Kawthaung nur anfliegen dürfen. Da es im Süden Burmas kaum ärztliche Versorgung gibt, wird zu Schutzmaßnahmen gegen Malaria geraten – andererseits heißt es, auf den benachbarten thailändischen Inseln seien seit Jahren keine Fälle mehr vorgekommen.

Der Goldene Felsen – Um Haaresbreite über dem Abgrund

Drei Mal muss man zum Goldenen Felsen pilgern, dann wartet großer finanzieller Reichtum, behauptet unser Fahrer, aber auch beim ersten Mal erwirbt man bereits religiöse Verdienste für die Wiedergeburt. In den zehn Jahren seines Berufslebens hat er es jetzt allerdings erst zum zweiten Mal hierher geschafft, und ob er ganz nach oben geht, weiß er auch noch nicht. Wäre ich wie er Buddhist, würde ich nicht lange fackeln, aber ich besuche den Felsen eher aus Gründen der Sensation. Der Goldene Felsen von Kyaikhto, eines der größten Heiligtümer Burmas, schwebt seit tausend Jahren über einem Abgrund, in der Balance gehalten nur von einem Haar Buddhas. Täglich pilgern Tausende von Menschen dorthin – in Vollmondnächten sollen es bis zu 50 000 sein.

Knapp vier Stunden dauert die Fahrt von Rangun. Zwar fahren auch Busse direkt an den Fuß jenes Berges, auf dem der Goldene Felsen allen Gesetzen der Physik trotzt, nimmt man aber ein Auto, kann man auf halber Strecke einen Halt in Bago, der alten Hauptstadt des

Mon-Reiches, einlegen. Hier kann man in der Shwet-halyaung-Pagode einen der größten liegenden Buddhas des Landes besichtigen. Die Statue ist so glänzend und farbenfroh lackiert, dass man kaum glauben mag, dass sie über tausend Jahre alt ist, aber sanfte Restaurierung ist sowieso keine Sache der Burmesen. Je neuer etwas aussieht, desto besser.

Ist man schon mal in Bago, lohnt es sich, außerdem die vier Buddhas von Kyaikpun zu besuchen, die Rücken an Rücken in alle vier Himmelrichtungen lehnen, da das Ticket pauschal für alle Sehenswürdigkeiten der Stadt gilt. Dazu gehört auch die Speisung der Mönche im Kloster Kha Khat Wain Kyaung. Wer mehr Mönche sehen möchte als Touristen, die jeden Morgen in Busladungen hergebracht werden, sollte allerdings die tägliche Speisung der Mönche um 10:30 Uhr vermeiden.

Weiter geht es vorbei an Reisfeldern, gesäumt von blühenden Wasserhyazinthen, Kautschukplantagen und Dörfern mit winkenden Kindern. Wasserbüffel käuen träge unter Palmen wieder, es ist eine ruhige ländliche Gegend, nur Busse voller Pilger überholen uns mit halsbrecherischem Tempo. In Kinpun, am Fuß des Berges, ist das Basiscamp für den Aufstieg. Sinnvollerweise sucht man sich eine Bleibe für die Nacht hier unten oder in Kyaikhto. Zwar gibt es auch zwei Hotels oben auf dem Berg, doch die sind überteuert und nicht besonders hübsch. Auch ist der Aufstieg am Morgen schöner und weniger anstrengend.

Wer mag, kann den ganzen Pilgerweg zu Fuß zurücklegen. Es ist ein zwölf Kilometer langer Pfad, bei dem 1100 Höhenmeter überwunden werden müssen, die letzten Kilometer auf einem Bergrücken. Alle paar Hundert Meter gibt es Verpflegungsstände. Man kann aber auch im Basislager in einen Kleinlaster einsteigen und sich einen Teil des Weges fahren lassen, so wie meine Begleiterin und ich es taten. Dicht gedrängt stehen die einheimischen Pilger auf der offenen Ladefläche, uns hat der Fahrer einen etwas kostspieligeren Platz im Führerhaus besorgt. Der Wagen holpert Serpentinen hinauf bis zum Ende der ersten Etappe. Dort müssen Touristen die letzten vier Kilometer des schweißtreibenden Fußmarsches zum Gipfel antreten, während die Einheimischen weiterfahren dürfen. Für Ausländer sei die Fahrt mit dem Lkw ab hier zu gefährlich, heißt es. Dafür kann man sich tragen lassen, was wohlhabende Asiaten ganz selbstverständlich in Anspruch nehmen. Europäer finden das eher entwürdigend für die Träger. Natürlich sagte ich mir: So schlimm kann das nicht sein, doch die vier grinsenden jungen Burmesen, die mit einer Sänfte neben uns her trabten, wussten, wie schnell man seine Meinung in der Hitze ändert. Hinterher ist man immer schlauer: Sollte ich jemals wieder zum Goldenen Felsen kommen, nehme ich die Sänfte.

Damals aber ärgerte ich mich irgendwie darüber, dass die vier so selbstgewiss waren. Nach einer halben Stunde gaben sie auf, und wir schafften es mit letzter Kraft zu einem überdachten Treppengang, der von Verkaufsbuden gesäumt wird, an denen es kalte Getränke, Souvenirs, Gebetsketten und Thanaka-Paste gibt. In den Hinterzimmern dieser roh gezimmerten Bretterbuden lebt oft die ganze Familie.

An den Ständen traditioneller Apotheken sind halb skelettierte Schädel, Bärentatzen und Stachelschweinborsten zu sehen, Überreste aller Tiere, die irgendwie Heilkräfte versprechen, erbeutet von Wilderern in den Wäldern der Umgebung. Vermengt mit riesigen Tausendfüßlern und anderen, undefinierbaren Zutaten, werden sie mit Alkohol übergossen. Der eklige Medizinsud, der aus diesen Klumpen organischer Reste tropft, wird mit ein bisschen Thanaka vermischt und dann in Fläschchen abgefüllt. Glücklicherweise ist der Inhalt nur zur äußeren Anwendung bei Schmerzen gedacht.

Bei einem Lunch auf der Terrasse eines Hotels überbrückten wir die heißen Mittagsstunden. Am Eingangstor zum Heiligtum müssen wir dann wie alle anderen unsere Schuhe ausziehen. Hunderte von Pilgern strömen auf das weitläufige, gefliese Areal, Großfamilien mit Kind und Kegel, Gruppen von Mönchen in bordeauxroten Roben, wie besessen knipsende Koreaner. Sonderlich andächtig ist die Stimmung nicht, eher herrscht Jahrmarktatmosphäre. Dann nähern wir uns dem legendären Felsen, der von Weitem wie ein aus Gold geschaffenes Kunstwerk aussieht: ein Findlingsblock aus Granit, der jeden Augenblick in den über tausend Meter tiefen Abgrund hinabzustürzen droht, gekrönt von einer über fünf Meter hohen Stupa.

Ein einziges Haar von Buddha hält den Goldenen Felsen im Gleichgewicht, so erzählt die Sage. Der Mon-König Tissa, Sohn eines Magiers und einer mythischen Prinzessin, soll dieses Haar im elften Jahrhundert von einem Eremiten bekommen haben. Der hatte ihm offenbart, dass er etwas Wunderwirkendes in seinem Haarknoten versteckt trage. Wenn es dem König gelänge, einen Felsen in der Form seines Kopfes zu finden, gehöre die Reliquie ihm. Tissa suchte überall im ganzen Land und fand schließlich auf dem Meeresgrund einen Felsen, der dem Schädel des Einsiedlers glich. Dank seiner magischen Kräfte schaffte er den Felsen mit einem Schiff hinauf zum Gipfel des Berges Kyaikhto, wo das Schiff versteinerte.

Da steht es bis heute, man kann die bootsähnliche Steinstruktur von der Aussichtplattform aus sehen.

Geologisch betrachtet klingt das Ganze weniger romantisch. Die bizarren Felsformationen sind Ergebnis der sogenannten Sack- oder Wollsackverwitterung. Durch Witterungseinflüsse wird Granit in einer Weise abgeschliffen, dass sich sackartige Felsbrocken bilden, die auf kleiner Fläche mit dem Untergrund verbunden bleiben, bis sie irgendwann abbrechen. Der Goldene Felsen ist nichts anderes als einer dieser sogenannten Wollsäcke, und die Pilger haben überall Gold aufgebracht, was den Felsen fixiert. Immerhin hat er erst 2005 einem Erdbeben der Stärke 4,8 standgehalten.

Als wir näher kommen, sehe ich Männer, die sich dicht an der Unterkante des Felsens drängen und Blattgoldplättchen an den Felsen kleben. Frauen ist das versagt. Sie gelten als unrein und dürfen den Felsen nicht berühren. Meine Begleiterin schmollt auf der Aussichtsplattform und muss sich mit Blumengaben zufriedengeben. Die Frauen knien betend an einem Altar, der überquillt von Früchten und Wunschzetteln, eingehüllt in den Rauch von Kerzen und Räucherstäbchen. Ich stehe in der Warteschlange, während der Fels in der sinkenden Sonne orangerot zu glühen beginnt. Dann bin auch ich an der Reihe.

»Nicht zu stark drücken«, kichert ein Pilger.

Angeblich soll eine Kinderhand ausreichen, um den Stein zum Schwanken zu bringen. Vorsichtig rubble ich mein Blattgold auf. Der Stein steht. Felsenfest.

Mawlamyine – Tropische Lässigkeit

Die alte Diesellok rattert voran, der Zug holpert über Schmalspurgleise, und es kommt mir vor, als folge der Zug einem Trampelpfad in die Wildnis, mitten durch Felder und Plantagen, vorbei an stattlichen Palmen und überfluteten Reisfeldern. Am Rand der größeren Ortschaften siedelt am Gleisrand das Elend mit windschiefen Hütten und Plastikhüllen, auf dem Land ist es eher malerisch verkommen. Wasserbüffel suhlen sich in Tümpeln, dazwischen Palmhaine und Grün in allen Schattierungen. Überraschend ist dann die Einfahrt nach Mawlamyine über die längste Brücke des Landes. Von oben sieht man eine Tropenidylle in der Dämmerung und hat einen herrlichen Ausblick auf den Fluss, der von Fischerbooten bevölkert ist.

Die Burmesen behaupten gern, Mawlamyine sei wie Rangun vor fünfzig Jahren. Auch wenn das wohl eher nur so eine Idee ist, weil die meisten von ihnen damals noch gar nicht gelebt haben dürften. Man stellt sich halt gern vor, dass diese Atmosphäre hitzegeschwängerter Trägheit mit Menschen, die eingehakt unter knorrigen Tamarindenbäumen und Palmen flanieren, typisch gewesen ist für eine Stadt im Süden Burmas.

Weit weg von der Bedeutsamkeit, welche die Bewohner Ranguns allem beimessen, was in ihrer Stadt passiert, oder der geschäftigen Hektik Mandalays, wo alle ans Geschäftemachen denken, ist Burmas drittgrößte Stadt angenehm relaxed, ganz wie es sich gehört für eine Stadt, in der es zu heiß ist für zu viel Arbeit und die zu schön ist, um an morgen zu denken.

Keine Stadt Burmas hat so viel nostalgischen Charme bewahrt wie Mawlamyine. Gelegen an der Mündung der Flüsse Salween und Gyaing, ist es umrahmt von sanften Hügeln, in denen goldene und weiße Pagoden glitzern. Chinesische Dschunken und Passagierschiffe kreuzen auf dem Fluss und zu den Inseln im Golf von Martaban – der Shampoo-Insel (Gaungse Kaun), die ihren Namen von der jährlichen Haarwaschzeremonie früherer Könige mit dem Wasser einer heiligen Quelle hat, und der größeren Insel Bilu Kyun.

Umgebaute Chevrolet-Trucks fungieren seit dem Zweiten Weltkrieg als öffentliche Verkehrsmittel. Ihre bunt lackierten Karosserien sind aus Teakholz, und Teakholz war es auch, das Mawlamyine im neunzehnten Jahrhundert für ein paar Jahrzehnte zum Zentrum der britischen Kolonialverwaltung machte. Mawlamyine war zwischen 1826 und 1852 die erste Hauptstadt von Britisch-Burma, nachdem die Küste von Tenasserim zusammen mit Arakan, dem heutigen Rakhine-Staat, erobert und dem britischen Reich einverleibt worden war. Auch heute ist Mawlamyine ein wichtiger Umschlagplatz, vor allem für Reis, Teak, Kautschuk und Topenfrüchte. Die Region ist nicht nur für ihr Obst bekannt, sondern ebenso für ihre Küche. Ein burmesisches Sprichwort sagt: »Mandalay fürs Reden, Rangun fürs Prahlen und Mawlamyine fürs Essen.«

Mawlamyines Bedeutung für das Empire brachte seinerzeit auch zwei seiner bekanntesten Besucher in das damalige Moulmein: Rudyard Kipling und George Orwell. Orwells autobiografische Kurzgeschichte »Einen Elefanten erschießen« beginnt mit den Worten: »In Moulmein (Nieder-Burma) verfolgte mich fast die gesamte Bevölkerung mit Hass, etwas, wofür ich nur dies eine Mal im Leben genügend Bedeutung besessen habe. Ich bekleidete damals die Stellung eines Polizeioffiziers in einem der Stadtbezirke, und in seiner ziellosen, engstirnigen Art war dieser Hass gegen die Europäer auf die Dauer schwer erträglich.«[*]

Tatsächlich quittierte Orwell seinen Dienst aus Protest gegen das Vorgehen der britischen Kolonialmacht, deren Teil er war, und ging mit dem Vorsatz, Schriftsteller zu werden, zurück nach England. Burma hat ihn jedoch nie wieder losgelassen. »Tage in Burma« sowie zwei weitere Kurzgeschichten spielen in dem fernen Land, und vor seinem Tod soll er an einer Erzählung gearbeitet haben, die ebenfalls in Burma spielte. Seine düstere Gesellschaftsvision »1984« erfasst die Stimmung in Diktaturen, und die Fabel »Farm der Tiere« mit ihrem berühmten Satz »Alle Tiere sind gleich, doch einige sind gleicher als andere« lässt sich leicht auf die Generäle und die Militärjunta Burmas beziehen.

Noch heute ist die ehemalige Kolonie für die Briten etwas Besonderes, genauso wie die Burmesen mit

---

[*] Zitiert nach George Orwell: Im Innern des Wals. Erzählungen und Essays, Zürich 2003

einer Art Hassliebe an ihrer ehemaligen Kolonialmacht zu hängen scheinen. Nur so lässt sich erklären, dass – zumindest seit es wieder erlaubt ist – überall Nachdrucke von George Orwells »Tage in Burma« verkauft werden. Orwell schildert in diesem bitterbösen Porträt der Kolonialgesellschaft die Briten zwar als arrogante und leicht debile Ausbeuter, aber auch die Burmesen kommen nicht gut weg. Seltsamerweise wird dieses Buch als flammende Anklage gegen den Imperialismus gehandelt. Wenn man das Land jedoch nur ein bisschen kennt, ist »Tage in Burma« ausgesprochen komisch, und man erkennt seinen satirischen Charakter. Ich persönlich bin aus dem Kichern gar nicht wieder rausgekommen.

Rudyard Kipling, der in Deutschland am ehesten für sein »Dschungelbuch« bekannt ist, beschreibt das damalige Moulmein in seinen Reiseerinnerungen »From Sea to Sea« und verdankt der Stadt die Inspiration zu seinem schon erwähnten Gedicht »Mandalay«, das mit folgenden Zeilen beginnt:

By the old Moulmein Pagoda, lookin' lazy at the sea,
There's a Burma girl a-settin', and I know she thinks o' me;

Diese Pagode will ich mir ansehen, wie übrigens auch eine Gruppe britischer Backpacker, welche die Kipling-Lektüre nach Mawlamyine gelockt hat. Sie hätten Kipling in der Schule gelesen, und das sei der Grund, warum man als Brite auf einem Asientrip hierher müsse. Zwar stehen auf dem Bergrücken, der Mawlamyine umschließt, jede Menge Pagoden, man geht aber davon aus, dass Kipling die größte meinte: Kyaik Than Lan.

Ein gewundener und manchmal steiler, mit Ziegeln gepflasterter Pfad, der von Bäumen gesäumt wird, führt den Berg hinauf, vorbei an Klöstern mit moosbewachsenen Wänden und mit Hunden, die im Schatten dösen.

Vier Zugänge führen zur goldenen Stupa, die auf einer gekachelten Plattform steht. Die Tempelglöckchen, von denen Kipling spricht, hängen an dem Schirm an der Spitze der Pagode und klingen leise in der Brise, die vom Meer herüberzieht. Von hier oben kann man ganz Mawlamyine und den Fluss sehen, der hinter der Stadt in das Meer mündet.

Erbaut wurde die Kyaik-Than-Lan-Pagode im Jahr 875 n. Chr. auf einer der üblichen Haarreliquien Buddhas, und später von Mon-Königen vergrößert, die Mawlamyine zur Hauptstadt ihres Reiches machten. Das Mon-Museum ist ihrer Kultur und Geschichte gewidmet. Die kleine Sammlung beinhaltet Waagen mit Mon-Inschriften, alte Holzskulpturen, Keramiken, Thanaka-Schleifsteine, silberne Betelboxen und einen Brief in englischer Sprache vom 22. Dezember 1945 von Bogyoke Aung San an Mo Chit Hlaing, einen berühmten Führer der Mon, Lackarbeiten sowie Manuskripte auf Bambuspapier.

Sehenswert ist auch der weltgrößte liegende Buddha in Win Sein Taw Ya, etwa dreißig Kilometer südlich von Mawlamyine. Die Statue ist 180 Meter lang und fast 34 Meter hoch. In ihrem Inneren befinden sich 182 Zimmer auf acht Etagen.

Hpa-An, die knapp sechzig Kilometer nördlich von Mawlamyine gelegene Hauptstadt des Kayin-Staates, ist zwar eine kleine Stadt, liegt jedoch malerisch am Ufer des Salween River. Die Umgebung ist berühmt für seine großen Höhlenlabyrinthe, die mit Buddha-Figuren verziert sind. Als Heiligtum sind diese natürlich nur barfuß zu betreten, und man möchte nicht unbedingt wissen, was außer Fledermausdreck noch alles am Boden liegt oder lebt.

Die bekannteste ist die Kawt-Gon-Höhle, die nur wenige Kilometer außerhalb der Stadt liegt und als eine der schönsten Höhlen in Burma gilt. Die Mengen von stehenden, sitzenden und liegenden Buddha-Statuen sind beeindruckend, zusätzlich schmücken Abertausende tönerne Mini-Buddhas und Gedenktafeln die Wände und Decken. Da es angenehm kühl ist, entspannen sich Einheimische gern bei einem Picknick oder mit einem Nickerchen inmitten der goldenen Buddha-Pracht.

Hpa-An wurde erst kürzlich als Reiseziel entdeckt, die Stadt ist von Mawlamyine aus besonders schön mit einer Bootstour oder Fähre zu erreichen.

Hygiene, Krankheiten und Ungeziefer

Normalerweise bin ich ziemlich unbefangen, wenn es um die Vorbereitung von Reisen in fremde Länder geht. Ich halte weder etwas von unhandlichem Gepäck noch von Reiseapotheken, mit denen man ganze Dörfer medizinisch versorgen oder Mitreisenden ein Bein abnehmen könnte. Wo Touristen sind, ist immer jemand in der Nähe, der ihre Wehwehchen behandelt, und normalerweise kann man von Trekkingschuhen bis zu Antibiotika, Abendkleidern oder Moskitonetzen alles vor Ort kaufen, wenn man nur ein bisschen danach sucht.

In Burma ist das nicht der Fall. Außerhalb von Rangun und Mandalay ist jeder Besuch von Ärzten oder Krankenhäusern, wenn es sie denn überhaupt gibt, purer Verzweiflung geschuldet. Dafür liest sich die Liste der im Lande vorkommenden Krankheiten wie ein Seuchenatlas: Malaria, Denguefieber, Hepatitis, Amöbenruhr – das kennt man. Aber dass es Lepra und die Pest noch gibt, war mir nicht bekannt. Und wenn, dann hätte ich sie maximal in Labors für biologische Kampfstoffe vermutet.

Natürlich ist es nicht ganz so dramatisch, und auch die zum Glück eher seltene Pest, die durch Rattenflöhe übertragen wird, ist dank Antibiotika heute kein großes Problem mehr – wenn man sie denn rechtzeitig erkennt und behandelt.

Mich begrüßte neulich ein Bekannter mit den Worten: »Stell dir vor, letztens hatte ich die Pest.« Ein schöner Satz, den ich nach überstandener Krankheit auch gern irgendwo anbringen würde. Damit ist man sofort Mittelpunkt eines jeden Gesprächs.

Generell würde ich bei Anzeichen einer ernsthaften Erkrankung jedem, der dazu noch in der Lage ist, dazu raten, sich umgehend in den nächsten Flieger nach Bangkok zu setzen und in einem der internationalen Krankenhäuser wie Bumrungrad Hospital oder Bangkok Hospital behandeln zu lassen. So machen es nämlich auch die reichen Burmesen. Das Bangkok Hospital verfügt sogar über Zweigstellen in Rangun und Mandalay. Kleinere Behandlungen werden vor Ort durchgeführt. Ein weiteres Krankenhaus mit internationalem Standard hat 2005 in Rangun eröffnet. Das privat geführte Pun Hlaing International Hospital liegt auf dem Gelände des Hlaing-Golfclubs und beschäftigt insgesamt 120 einheimische und ausländische Ärzte.

Impfungen sind für Burma nicht vorgeschrieben. Neben den üblichen Impfungen gegen Tetanus, Polio und Hepatitis A und B wird jedoch für manche Regionen eine Malaria-Prophylaxe und manchmal eine Typhusimpfung empfohlen.

Das durch Stechmücken übertragene Denguefieber kommt landesweit besonders von Juni bis Oktober vor. Die ebenfalls durch Mücken übertragene Filariose (Fadenwürmer) kommt ebenfalls landesweit vor. Ein Infektionsrisiko für Japanische Enzephalitis besteht in ländlichen Gebieten von Mai bis Oktober.

Aufgrund der mückengebundenen Infektionsrisiken werden folgende Vorsichtsmaßnahmen empfohlen:

- körperbedeckende, helle Kleidung (lange Hosen, lange Hemden) zu tragen;
- ganztägig (Dengue!) sowie in den Abendstunden und nachts (Malaria!) wiederholt Insektenschutzmittel auf alle freien Körperstellen aufzutragen. Mittel mit dem Wirkstoff DEET schützen am besten. Sie bieten mindestens drei Stunden lang Schutz gegen die meisten stechenden Insekten. Je höher die Konzentration, desto länger hält die Wirkung an;
- gegebenenfalls unter einem Moskitonetz zu schlafen, wenn keine Fliegengitter oder keine Aircondition vorhanden ist.

HIV/Aids ist mittlerweile auch in Burma, insbesondere in größeren Städten und in den östlichen Grenzgebieten, ein gravierendes Problem. Gefährdet sind alle, die Infektionsrisiken eingehen: Sexualkontakte, unsaubere Spritzen oder Kanülen und Bluttransfusionen können ein lebensgefährliches Risiko bergen.

Asien gilt als der Kontinent mit den meisten Tollwuterkrankungen. Die Übertragung erfolgt hauptsächlich durch streunende Hunde und Katzen. Bei Bisswunden ist so schnell wie möglich ärztliche Hilfe in Anspruch zu nehmen.

Viel häufiger als diese gravierenden Erkrankungen sind vergleichsweise harmlose Durchfälle und wegen der hohen Luftfeuchtigkeit diverse Pilzerkrankungen und Hautreizungen.

Eine Reiseapotheke sollte daher in der Minimalversion aus Mitteln gegen Mücken, Durchfall und Verstopfung bestehen. Paracetamol, Pilz- und Cortisoncreme sowie ein Breitspektrumantibiotikum, Pflaster und Mullbinden können nicht schaden. Damit sollte man es in der Regel in bewohnte Gebiete schaffen. Außerdem sollte man Sonnenschutzmittel in ausreichender Menge mitnehmen. Wenn man sie denn vor Ort bekommt – dazu besteht allenfalls in Großstädten eine Chance –, sind sie unverschämt teuer.

Hygiene ist eher ein Gummibegriff. Manche Leute haben einen empfindlichen Magen und sind schon auf dem Weg zur Toilette, wenn sie vorgeschnittenes oder geschältes Obst nur ansehen. Ich persönlich sehe das eher sportlich. Meistens passiert nichts, und wenn doch, dann hat man halt ein paar Tage einen harmlosen Durchfall. Deswegen auf leckeres Streetfood zu verzichten käme mir nicht in den Sinn. Schließlich hat man Augen im Kopf, und niemand zwingt einen, dort zu essen, wo das Geschirr mit einem alten Lappen ausgewischt wird und der Essensstand vor Dreck starrt.

Als Trinkwasser sollte ausschließlich in Flaschen abgefülltes oder abgekochtes Wasser verwendet werden. Auf keinen Fall sollte man aus den Wasserspendern oder den großen Tontöpfen trinken, die von einer Blechtasse gekrönt sind, aus der alle anderen Leute auch trinken. Aber das sagt einem schon der gesunde Menschenverstand.

Zum Schluss eine kurze Bemerkung zu giftigen Tieren. Von denen gibt es in Myanmar wie in ganz Südostasien eine ganze Menge: Stachelrochen, Tausendfüßler, Skorpione, Schlangen. Und manche verirren sich auch in Bungalows. Allerdings haben die meisten mehr Angst vor

Menschen als umgekehrt. Und es gibt einfache Verhaltensregeln: Nicht einfach große Steine oder Holzstücke umdrehen oder blindlings in irgendwelche Lücken greifen. Nachts im Freien nicht barfuß herumlaufen, fest auftreten und immer eine Taschenlampe dabeihaben. Dann wird man die Tiere kaum zu sehen bekommen. Skorpione sind im Gegensatz zu Spinnen, die sofort das Weite suchen, eher aggressiv. Mit einem Schuh sind sie jedoch einfach zu erledigen.

Bangkok Hospital Office, Rangun
181, Bo Myat Tun Street, Botataung
Rangun 11 161
Tel +95 120 21 20 oder 29 97 97
24-Stunden-Notrufnummer: +95 95 10 66 66
Fax +95 120 27 51
E-Mail: bmcomyanmar@gmail.com
Website: www. bangkokhospitalmyanmar.com

Bangkok Hospital Office, Mandalay
Aryu Thukha Multi-specialty Clinic
150, 74th Street (zwischen 30th & 31st St)
Chan Aye Thar Zan Tsp, Mandalay
Tel: +95 9 519 91 88 oder +95 2 744 82
Fax: +95 2 744 83
E-Mail: aryuthukha.bmco.mdy@gmail.com

Bereits erschienen:
Gebrauchsanweisung für …

01/0001/18/L

01/0002/18/R

01/0003/18/L

Lächelnde Buddhas und Traumstrände

Martin Schacht

**Gebrauchsanweisung
für Thailand**

Piper Taschenbuch, 240 Seiten
Überarbeitete und erweiterte
Neuausgabe
€ 14,99 [D], € 15,50 [A]*
ISBN 978-3-492-27653-5

Feurige Currys und Garküchen. Weißer Sandstrand und tür-
kisfarbenes Meer. Grüner Dschungel und mächtige Wasser-
fälle. Thailand ist das ideale Reiseland, und Martin Schacht
führt uns mitten hinein. Er nimmt uns mit auf einsame
Inseln, aufregende Trekkingtouren und in die vibrierende
Metropole Bangkok. Zeigt den Weg zu hippen Clubs, zu
Wellnessoasen, Shopping-Malls und zu den letzten Rück-
zugsorten in der Zwölf-Millionen-Stadt. Und verrät, wie man
Hausgeister fröhlich stimmt.

PIPER

Leseproben, E-Books und mehr unter www.piper.de